つばさ君の
ウクライナ語

黒田龍之助

白水社

吹込者
イーホル・ダツェンコ
テチャーナ・サエンコ
黒田龍之助

装丁・本文デザイン
森デザイン室

イラスト
藤田ひおこ

　この本を手にとってくださり、ありがとうございます。あっ、書棚に戻さないでください。これも何かの縁ですよね……

　え、この始まり方、すでにご存じなのですか。どうせ「ロシア語を始めませんか」って続くんだろうと、そうお考えなのですね。いいえ、それはちょっと違います。

　ウクライナ語を始めませんか。

　これは少々変わった語学書です。拙著『ニューエクスプレスプラス ロシア語』（もちろん白水社）の本文および練習問題（一部）をすべてウクライナ語に訳して、その違いに注目しながらウクライナ語を学習していこうという趣向なのです。自分でいうのもなんですが、こんな語学書はこれまでになかったのではないでしょうか。

　ウクライナ語はロシア語と非常に近い言語です。系統はどちらもインド・ヨーロッパ語族スラブ語派東スラブ語群ですので、文法はよく似ていますし、何より同じキリル文字を使っていますから、ロシア語学習者にとってウクライナ語はとても親しみやすい言語といえます。

　もちろん違いはいろいろあります。同じキリル文字とはいえ、ウクライナ語にはロシア語で使われない文字もありますし、同じ形なのに発音が違うこともあります。ロシア語からは類推が利かない語彙も少なくありません。油断がならないのです。

　実をいえば私自身、この語学書を書きながら何度も壁にぶつかりました。そもそもウクライナ語向けに書いた本文ではありませんので、その説明も補足することが多くて大変でした。しかしそれだけではありません。

　ウクライナ語は難しい言語で、ソビエト時代と今では違いますし、地域によっても差があります。しかも私がロシア語教師なので、作文するとウクライナ語

がどうしても「ロシア風」になってしまうのです。どうも情けない著者です。

　そんなとき全面的に助けてくださったのがイーホル・ダツェンコさんです。ダツェンコさんは拙著『初級ウクライナ語文法』（こちらは三修社）に続いて協力していただいていますが、私の間違いを一つ一つ丁寧に訂正してくださいました。その指摘は常に的確で、それに引き換え私の間違いときたら、本当に赤面してしまうほど間抜けなものばかりです。

　しかしです。私が間違える箇所こそ、ロシア語の次にウクライナ語を学ぼうという人には、大切なポイントなのではないでしょうか。いや、そうだ。そうに違いない。

　ということで、説明は私自身が間違えやすい事項を中心にまとめました。本書は私の赤っ恥の記録です。

　本文の主人公は、『ニューエクスプレスプラス ロシア語』と同じつばさ君です。その他の登場人物は名前を変更し、地名や言語名も変えましたが、それでも展開する会話はロシア語のときと基本的には同じなのですから、奇妙なデジャビュ（既視感）を覚えますね。しかし呑気なつばさ君のことですから、そんなことは気にせず、ウクライナ語の学習をどんどん進めていきます。イラストの藤田ひおこさんは、若い頃の私をイメージしてつばさ君を描いてくださったそうです。確かに私も呑気でしたね。

　系統的に、網羅的に学びたい方には、他の教材をお勧めします。でも、そうじゃなくて、これまで学んできたロシア語を通してウクライナ語に挑戦したい学習者には、ちょっと面白い本になったのではないでしょうか。

　それではさっそく始めましょう。

つばさ君の
ウクライナ語
目次 ✲ ✲ ✲

アルファベット　Алфавіт

А	**а**	アー		**Н**	**н**	エヌ
Б	**б**	ベー		**О**	**о**	オー
В	**в**	ヴェー		**П**	**п**	ペー
Г	**г**	ヘー		**Р**	**р**	エる
Ґ	**ґ**	ゲー		**С**	**с**	エス
Д	**д**	デー		**Т**	**т**	テー
Е	**е**	エー		**У**	**у**	ウー
Є	**є**	ィエー		**Ф**	**ф**	エフ
Ж	**ж**	ジェー		**Х**	**х**	はー
З	**з**	ゼー		**Ц**	**ц**	ツェー
И	**и**	ゥイー		**Ч**	**ч**	ちぇー
І	**і**	イー		**Ш**	**ш**	シャー
Ї	**ї**	ィイー		**Щ**	**щ**	シチャー
Й	**й**	イョト		**Ь**	**ь**	ムヤクィー・ズナーク
К	**к**	カー		**Ю**	**ю**	ユー
Л	**л**	エル		**Я**	**я**	ヤー
М	**м**	エム				

この表はウクライナ語を書き表す文字であるキリル文字のアルファベット表です。
辞書ではこの順番で見出し語が並んでいます。
カナで示したのは文字の名称です。
それぞれの文字が表す音に近いものもありますが、必ずしも一致していません。

1. ロシア語にはない文字

Ґ ґ

子音字。
日本語の語頭の「ガ」を発音したときのはじめの音。
ґа́ва　カラス（本書には出てきません）

Є є

母音字。
カナで表せば「ィエ」が近い。
приє́мно　嬉しい　　нема́є　ない

І і

母音字。
口を横に開いてはっきりと「イ」。
ві́н　彼　　вікно́　窓

Ї ї

母音字。
短い「イ」の後にさらに「イ」が続く音。
ї́сти　食べる　　її́　彼女の

> **ロシア語とは**
> **ここが違う**
>
> ウクライナ語ではロシア語で使う次の文字が使われません。Ё, ё / Ъ, ъ / Э, э

2. 2文字で1つの音を表す組み合わせ

Дж дж

唇をすこし突き出して発音する「ヂュ」。

відря́дження　出張

наро́дження　誕生

Дз дз

日本語の「ヅ」を発音したときのはじめの音。

дзво́ник　ベル（本書には出てきません）

> **ロシア語とは**
> **ここが違う**
>
> джはчの、またдзはцのそれぞれ有声音で、2文字で1つの音を表しています。ただし辞書ではджもдзもдの項目の中に並んでいます。

,

記号。

子音と母音を分ける。

п'я́ть　5　　ім'я́　名前

> **ロシア語とは**
> **ここが違う**
>
> ウクライナ語の'は、ロシア語のъやьに対応することがあります。
>
> об'є́кт　対象　объект
>
> комп'ю́тер　コンピュータ　компьютер

◆区別をつけるため、本書ではウクライナ語とロシア語で違うフォントを使っています。またロシア語にはアクセントをつけていません。

3. 形は似ているが音が違う文字

5

В в

子音字。
位置によって違う音になります。

① 母音字の前：上下の唇を近づけ、すき間から息を出して
発音する「ヴ」。
ві́н 彼　　мо́ва 言語

② 子音字の前：日本語の「ワ」を発音したときのはじめの音。
вдо́ма 家に　　авто́бус バス

③ 語末：②と同じように、日本語の「ワ」を発音したとき
のはじめの音。
Ки́їв キエフ

**ロシア語とは
ここが違う**

ロシア語では語末の有声子音字が対応する無声子音
として発音されますが、ウクライナ語ではそのよう
なことがないので、書いてあるまま発音します。
хлі́б　パン（発音は「ふリーブ」で最後は「ブ」）
заво́д　工場（発音は「ザヴォード」で最後は「ド」）

アクセントについて　この本では一般のウクライナ語教材と違って、
一音節の単語、つまり1つの単語の中に母音が1つしかない場合にも
アクセントを付けています。

Г г

子音字。
日本語の「ハ」をさらに喉の奥で摩擦させて発音する。
газе́та　新聞　　голова́　頭

Е е

母音字。
口を大きく開いてはっきりと「エ」。
тепе́р　今

И и

母音字。
舌をあまり奥に引かず、口を横に開いて「イ」。
ви́　あなた

Щ щ

子音字。
日本語の「シチ」に近い。
що́　何　　до́щ　雨

・・

カナ表記について　この本ではウクライナ語の発音を示すためにカナ
表記を用いています。基本的にはカタカナで表していますが、まぎら
わしい音を区別するため、一部ひらがなも使っています。

л：「ル」に対して р：「る」
г：「フ」に対して х：「ふ」（ф も「フ」ですが、差し当たり大丈夫です）
ті：「チ」に対して чи：「ち」

・・

これはマリーヤです

🔊 6

ハンナ先生はつばさ君に自分の家族の写真を見せています。

Га́нна ： **Це́ Марі́я.**
ツェー　マリーヤ

Цубаса ： **Вона́ украї́нка?**
ヴォナー　　ウクらイーンカ

Га́нна ： **Та́к, вона́ украї́нка.**
ターク　ヴォナー　ウクらイーンカ

Цубаса ： **Хто́ це́?**
ふトー　ツェー

Га́нна ： **Це́ її́ ма́ти. Вона́ те́ж украї́нка.**
ツェー　イイー　マーティ　　ヴォナー　テージュ　ウクらイーンカ

Цубаса ： **А це́? Це́ її́ ба́тько?**
ア　ツェー　ツェー　イイー　バーチコ

Га́нна ： **Та́к, її́ ба́тько. Ві́н япо́нець.**
ターク　イイー　バーチコ　　ヴィーン　ヤポーネツィ

Цубаса ： **Зна́чить, ба́тько — япо́нець, а ма́ти — украї́нка.**
ズナーちチ　　バーチコ　　ヤポーネツィ　ア　マーティ　　ウクらイーンカ

Га́нна ： **Та́к. А я її́ сестра́.**
ターク　ア　ヤー　イイー　セストらー

《 ロシア語訳 》

Анна : Это Мария.

Цубаса : Она украинка?

Анна : Да, она украинка.

Цубаса : Кто это?

Анна : Это её мать. Она тоже украинка.

Цубаса : А это? Это её отец?

Анна : Да, её отец. Он японец.

Цубаса : Значит, отец — японец, а мать — украинка.

Анна : Да. А я её сестра.

ロシア語とは ここが違う	標準的なウクライナ語では、アクセントのないときも母音が変わりません。
	вона́ [ヴォナー] ×《ヴァナー》ではない。
	сестра́ [セストラー] ×《スィストらー》ではない。
	япо́нець [ヤボーネツィ] ×《イポーニツ》ではない。

《 慣用表現 》

Та́к.	Да.	はい。
Хто́ це́?	Кто это?	これはだれですか。

🔊7

уро́к	урок	課、授業
оди́н	один	1
це́	это	これ
вона́	она	彼女
украї́нка	украинка	ウクライナ人（女）
хто́	кто	誰
її́	её	彼女の
ма́ти	мать	お母さん
те́ж	тоже	〜もまた
а	а	それでは、ところで
ба́тько	отец	お父さん
ві́н	он	彼
япо́нець	японец	日本人（男）
зна́чить	значит	つまり
я́	я	私
сестра́	сестра	姉・妹

1. 名前の対応：「ハンナ」「マリーヤ」

ウクライナ語とロシア語で同じ起源の名前には、一定の対応があります。

Га́нна	Анна
Марі́я	Мария
Андрі́й	Андрей
І́гор	Игорь

◆ Окса́на のように、ロシア語とウクライナ語で同じ形の名前もあります。

2. be 動詞は使わない：「これはマリーヤです」

Це́ Марі́я. ⇐ Это Мария.

① 「○○は△△です」という文を作るとき、ウクライナ語にはロシア語と同様に英語の be 動詞に相当するものがないので，語を並べるだけで文になります。

Це́ Марі́я. これはマリーヤです。

◆ be 動詞の位置に є を置くこともあります。これはすべての人称で使えます。

② 「○○は△△です」のうち、○○と△△の両方とも名詞、つまり「これ」や「彼女」などでないときには、間に ― を書くのがふつうです。

Ба́тько ― япо́нець. お父さんは日本人です。

③ 「○○は△△ですか」という質問を表す文では、並べ方はそのままですが、アクセントのある位置から声が高くなります。音声をよく聴いてください。書くときには最後に？をつけます。

Ві́н япо́нець? 彼は日本人ですか。

◆ もう1つの質問を表す文は第2課で紹介します。

3. 女性と男性：「彼は日本人です」

Він япо́нець. ⇐ Он японец.

　ウクライナ語はロシア語と同様に男女の違いをとても気にする言葉です。він「彼」と вона́「彼女」の区別はもちろん、その他にも国籍や職業を表す語の多くに女性用と男性用があります。

	男性	女性
日本人	япо́нець	япо́нка
ウクライナ人	украї́нець	украї́нка

　本文では украї́нка（ウクライナ人女性）と япо́нець（日本人男性）しか出てきませんでしたが、このようにペアで覚えておくと便利です。

《 日本語訳 》

> ハンナ：これはマリーヤです。
> つばさ：彼女はウクライナ人ですか。
> ハンナ：はい、彼女はウクライナ人です。
> つばさ：これはだれですか。
> ハンナ：これは彼女のお母さんです。彼女もウクライナ人です。
> つばさ：では、これは？　これは彼女のお父さんですか。
> ハンナ：はい、彼女のお父さんです。彼は日本人なんです。
> つばさ：つまり、お父さんは日本人で、お母さんはウクライナ人なのですね。
> ハンナ：そうです。それで、私は彼女の姉なのですよ。

私はマリーヤではありません

空港についたつばさ君に、迎えに来たオクサーナさんが話しかけます。

Окса́на : **До́брий де́нь, чи ви́ Цубаса?**
　　　　　ドーブるぃ　　デーニ　　ち　ヴィー　ツバサ

Цубаса : **Та́к, я́ Цубаса. А ви́ Марі́я?**
　　　　　ターク　ヤー　ツバサ　　ア　ヴィー　マリーヤ

Окса́на : **Ні́, я́ не Марі́я.**
　　　　　ニー　ヤー　ネ　マリーヤ

Цубаса : **Ди́вно. Ви́бачте, хто́ ви́?**
　　　　　ディーウノ　　ヴィーバちゅテ　ふトー　ヴィー

Окса́на : **Я́ Окса́на. Я́ її́ по́друга.**
　　　　　ヤー　オクサーナ　ヤー　イイー　ポードるは

Цубаса : **А́, зрозумі́ло. Ду́же приє́мно.**
　　　　　アー　　ズろズミーロ　　ドゥージェ　　プりイェームノ

Окса́на : **Ду́же приє́мно.**
　　　　　ドゥージェ　　プりイェームノ

Цубаса : **А де́ Марі́я? Вона́ те́ж ту́т?**
　　　　　ア　デー　マリーヤ　　ヴォナー　テージュ　トゥート

Окса́на : **Ні́, сього́дні пра́ця.**
　　　　　ニー　　スィオホードニ　　プらーツャ

《 ロシア語訳 》

Оксана : Здравствуйте, вы Цубаса?

Цубаса : Да, я Цубаса. А вы Мария?

Оксана : Нет, я не Мария.

Цубаса : Странно. Извините, кто вы?

Оксана : Я Оксана. Я её подруга.

Цубаса : А, понятно. Очень приятно.

Оксана : Очень приятно.

Цубаса : А где Мария? Она тоже здесь?

Оксана : Нет, сегодня работа.

ロシア語とは
ここが違う

綴りは同じでも、アクセントの位置が違う単語があります。

по́друга　友だち（女）　　подру́га

《 慣用表現 》 9

До́брий де́нь.	Здравствуйте.	こんにちは。
Ні́.	Нет.	いいえ。
Ви́бачте.	Извините.	すみません。
Ду́же прие́мно.	Очень приятно.	はじめまして。

два́	два	2
чи	—	〜か（疑問文を作る）
ви́	вы	あなた
не	не	〜ではない
ди́вно	странно	おかしい
по́друга	подруга	友だち（女）
а́	а	ああ
зрозумі́ло	понятно	分かりました
де́	где	どこ
ту́т	здесь	ここ
сього́дні	сегодня	今日
пра́ця	работа	仕事

◆чи に対応するロシア語はありません。

1. 人称代名詞：「私はオクサーナです」

Я Окса́на. ⇐ Я Оксана.

ウクライナ語の人称代名詞をまとめておきましょう。

	単数		複数	
1人称	**я́**	私	**ми́**	私たち
2人称	**ти́** **ви́**	君 あなた	**ви́** **ви́**	君たち あなたたち
3人称	**ві́н** **вона́**	彼 彼女	**вони́**	彼ら，彼女ら

（複数はまだやっていません）

2. 疑問文の作り方：「あなたはつばささんですか」

Чи ви́ Цубаса? ⇐ Вы Цубаса?

ウクライナ語の疑問文には作り方が2つあります。

① イントネーションを変える（⇒第1課）

　　Ви́ Марі́я? 　　あなたはマリーヤですか。

② 文頭に **чи** を置く。

　　Чи ви́ Марі́я? 　　あなたはマリーヤですか。

このうち②のような **чи** を置く作り方は、ロシア語にはありません。

> **ロシア語とは**
> **ここが違う**
>
> ロシア語には疑問文を作る助詞 **ли** があります。ただし **ли** は文頭にある疑問の対象となる語の直後に置かれ、その語は強調されます。一方ウクライナ語の **чи** は文頭に置かれ、とくに強調することはありません。本書ではロシア語の **ли** とウクライナ語の **чи** を別のものとして扱っています。

3. в で始まる語に注意 :「彼女もここにいるのですか」

Вона́ те́ж ту́т? ⇐ Она тоже здесь?

ロシア語では о で始まる語の前にウクライナ語では в がつくこともあります。

вона́	она	彼女
вого́нь	огонь	火

またロシア語では о で始まる単語が、ウクライナ語では ві に対応することがあります。

ві́н	он	彼
вікно́	окно	窓

4. あいさつの表現　　　　　　　　　　　　🔊10

До́брий де́нь! /Добри́день!	こんにちは。
До́брого ра́нку!	おはよう。
До́брий ве́чір!	こんばんは。
До поба́чення!	さようなら。
Добра́ніч!	おやすみ。

《 日本語訳 》

オクサーナ ：こんにちは、あなたはつばささんですか。
つばさ 　　：はい、つばさです。ではあなたはマリーヤさんですか。
オクサーナ ：いいえ、マリーヤではありません。
つばさ 　　：おかしいな。すみませんが、どなたですか。
オクサーナ ：私はオクサーナです。彼女の友だちなんです。
つばさ 　　：ああ、分かりました。はじめまして。
オクサーナ ：はじめまして。
つばさ 　　：ところでマリーヤさんはどこですか。彼女もここにいるんですか。
オクサーナ ：いいえ、今日は仕事です。

練習問題 1

1. ロシア語を参考にして、次のウクライナ語を日本語に訳しましょう。

❶ **Вона́ украі́нка? / Чи вона́ украі́нка? — Та́к, вона́ украі́нка.**

Она украинка? — Да, она украинка.

❷ **Ви́ украі́нець?/ Чи ви́ украі́нець? — Ні́, я япо́нець.**

Вы украинец? — Нет, я японец.

❸ **Ви́ украі́нка? / Чи ви́ украі́нка? — Ні́, я япо́нка.**

Вы украинка? — Нет, я японка.

❹ **Це́ ії́ ба́тько, а це́ ії́ ма́ти.**

Это её отец, а это её мать.

❺ **Де́ Окса́на? — Вона́ ту́т.**

Где Оксана? — Она здесь.

❻ **А де́ Цубаса? — Ві́н те́ж ту́т.**

А где Цубаса? — Он тоже здесь.

❼ **Зна́чить, Га́нна те́ж украі́нка.**

Значит, Анна тоже украинка.

❽ **Зрозумі́ло? — Та́к, зрозумі́ло.**

Понятно? — Да, понятно.

ロシア語とはここが違う	ウクライナ語とロシア語で異なる国籍名：		
	англі́єць/англі́йка	англичанин/англичанка	イギリス人
	італі́єць/італі́йка	итальянец/итальянка	イタリア人
	росія́нин/росія́нка	русский/русская	ロシア人
	уго́рець/уго́рка	венгр/венгерка	ハンガリー人

2. 読んでみましょう。

❶ Цé Тарáс. Вíн украïнець.

Цé йогó бáтько. Вíн тéж украïнець.

А цé йогó мáти. Вонá япóнка.

Цé йогó дрýг Цубаса. Вíн тéж япóнець.

[ヒント] йогó 彼の　　дрýг 友だち（男）　　◆ Тарáс は男性の名前です。

❷ Юкі　　: Дóбрий дéнь.

Тарáс : Дóбрий дéнь.

Юкі　　: Я́ Юкі. Чи ви́ Íгор?

Тарáс : Ні́, я́ не Íгор.

Юкі　　: Ви́бачте, хтó ви́?

Тарáс : Я́ Тарáс. Я́ йогó брáт.

Юкі　　: Дýже приє́мно.

Тарáс : Дýже приє́мно.

[ヒント] брáт 兄・弟　　◆ Íгор は男性の名前です。

~~~~~ 身近な文房具７つ ~~~~~

рýчка ペン　　олівéць 鉛筆　　гýмка 消しゴム　　папíр 紙

конвéрт 封筒　　блокнóт 手帳　　зóшит ノート

《 解答 》 1. ❶「彼女はウクライナ人ですか」「はい、彼女はウクライナ人です」 ❷「あなたは
ウクライナ人ですか」「いいえ、私は日本人です」 ❸「あなたはウクライナ人ですか」「いいえ、
私は日本人です」 ❹ これは彼女のお父さんで、一方これは彼女のお母さんです。❺「オクサ
ーナはどこですか」「彼女はここです」 ❻「ではつばさはどこですか」「彼もここです」 ❼ つま
り、ハンナもウクライナ人です。❽「わかりましたか」「はい、わかりました」 2. →日本語訳
は 114 ページ

3

УРОК ТРИ

これは私のスーツケースです

🔊 13

空港での会話の続きです。

Окса́на : **Це́ ва́ша валі́за?**
ツェー　ヴァーシャ　ヴァリーザ

Цубаса : **Та́к, це́ моя́ валі́за.**
ターク　ツェー　モヤー　ヴァリーザ

Окса́на : **А це́ ва́ша су́мка?**
ア　ツェー　ヴァーシャ　スームカ

Цубаса : **Та́к, ця́ су́мка те́ж моя́.**
ターク　ツャー　スームカ　テージュ　モヤー

Окса́на : **Що́ це́? Пальто́? Це́ ва́ше пальто́?**
シチョー　ツェー　パリトー　ツェー　ヴァーシェ　パリトー

Цубаса : **Ні́, це́ пальто́ не моє́. Моє́ пальто́ ту́т.**
ニー　ツェー　パリトー　ネ　モイェー　モイェー　パリトー　トゥート

Окса́на : **До́бре.**
ドーブれ

Цубаса : **Тоді́ ході́мо?**
トヂー　ほヂーモ

Окса́на : **Ході́мо. Та́м моя́ маши́на.**
ほヂーモ　ターム　モヤー　マシーナ

24

《 ロシア語訳 》

Оксана : Это ваш чемодан?

Цубаса : Да, это мой чемодан.

Оксана : А это ваша сумка?

Цубаса : Да, эта сумка тоже моя.

Оксана : Что это? Пальто? Это ваше пальто?

Цубаса : Нет, это пальто не моё. Моё пальто здесь.

Оксана : Хорошо.

Цубаса : Тогда пойдёмте?

Оксана : Пойдёмте. Там моя машина.

《 慣用表現 》 🔊14

| **Дóбре.** | Хорошо. | いいです。 |
| **Ходíмо? /Ходíмо.** | Пойдёмте? /Пойдёмте. | 行きましょうか。／行きましょう。 |

трú	три	3
вáш	ваш	あなたの
валíза	чемодан	スーツケース
мíй	мой	私の
◇вáша	◇ваша	→ вáш
сýмка	сумка	カバン
◇ця́	◇эта	→ цéй
цéй	этот	この
◇моя́	◇моя	→ мíй
щó	что	何
пальтó	пальто	コート
◇вáше	◇ваше	→ вáш
◇цé	◇это	→ цéй
◇моé	◇моё	→ мíй
тодí	тогда	それでは
тáм	там	あそこに
машúна	машина	車

◆ ◇ は見出し語とは違った形であることを示しています。→ の先にあるのが見出し語の形です。
また本文にない語（ここで цéй）が見出し語として挙がっている場合があります。

1. 所有代名詞と指示代名詞：「これは私のスーツケースです」

Це́ моя́ валі́за. ← Это мой чемодан.

	「私の」	「あなたの」	「この」
男性形	мíй	ваш	цéй
女性形	моя́	вáша	ця
中性形	моє́	вáше	цé

◆ただし、「彼の」 його́ と「彼女の」 ї́ï はこのような区別がありません。

його́ уро́к, його́ су́мка, його́ пальто́　　ї́ï уро́к, ї́ï су́мка, ї́ï пальто́

> **ロシア語とは
> ここが違う**
>
> 「スーツケース」はロシア語で чемодан なので、子音で終わる男性名詞の例として好都合でした。一方ウクライナ語では чемода́н よりも валі́за のほうが一般的です。ウクライナ語の男性名詞の例は уро́к にしました。

2. 名詞の文法性

　　ウクライナ語の名詞には文法性があり、男性名詞、女性名詞、中性名詞の区別があります。その名詞の性によって、所有代名詞や指示代名詞は形を一致させなければなりません。しかしそれはロシア語でも同じこと。

　　ウクライナ語の名詞の文法性をその語尾から区別してみると、ロシア語よりはるかに複雑であることがわかります。一例を挙げましょう。

	男性名詞		女性名詞		中性名詞	
子音で終わる	телеві́зор	テレビ	рі́ч	もの		
aで終わる	ста́роста	長	маши́на	車	курча́	ひよこ
яで終わる	суддя́	裁判官	пі́сня	歌	пита́ння	質問
oで終わる	ба́тько	父			вікно́	窓

以下の点に注意してください。

① 子音で終わる女性名詞：

ні́ч 夜、кро́в 血、по́дорож 旅行、любо́в 愛、пі́ч 暖炉、
по́міч 援助

② я で終わる中性名詞：

ім'я́ 名前、здоро́в'я 健康、ща́стя 幸福、пові́тря 空気

③ 「子音＋子音＋я」で終わる中性名詞：

життя́ 生活、воло́сся 髪の毛、завда́ння 課題、почуття́ 感覚
◆ただし стаття́「論文」は女性名詞です。

《 日本語訳 》

オクサーナ：これはあなたのスーツケースですか。
つばさ　：はい、これは私のスーツケースです。
オクサーナ：ではこれはあなたのカバンですか。
つばさ　：はい、このカバンも私のです。
オクサーナ：これは何ですか。コート？　これはあなたのコートですか。
つばさ　：いいえ、このコートは私のではありません。私のコートはここにあり
　　　　　ます。
オクサーナ：いいでしょう。
つばさ　：では行きましょうか。
オクサーナ：行きましょう。あそこに私の車があります。

4

あそこに古い写真があります

🔊15

つばさ君はマリーヤさんの家にホームステイするのです。マリーヤさんが部屋を案内します。

Марı́я : **Óсь вáша кімнáта.**
オースィ　ヴァーシャ　キムナータ

Цубаса : **Дя́кую. Ó, цé вели́ка кімнáта.**
ヂャークユ　オー　ツェー　ヴェルィーカ　キムナータ

Марı́я : **Алé дýже старá.**
アレー　ドゥージェ　スタらー

Цубаса : **Дóбре. Вікнó тéж вели́ке.**
ドーブれ　ヴィクノー　テージュ　ヴェルィーケ

Марı́я : **А телевı́зор малéнький.**
ア　テレヴィーゾる　マレーニキー

Цубаса : **...Нічóго.Тáм старá фотогрáфія.**
ニちょーホ　ターム　スタらー　フォトフらーフィヤ

Марı́я : **Цé моя́ мáти.**
ツェー　モヤー　マーティ

Цубаса : **Вонá гáрна й молодá. А тýт новá фотогрáфія. Хтó цé?**
ヴォナー　ハーるナ　イ　モロダー　ア　トゥート　ノヴァー　フォトフらーフィヤ　ふトー　ツェー

Марı́я : **Цé моя́ сестрá Гáнна. Цубаса, вонá вáша вчи́телька!**
ツェー　モヤー　セストらー　ハーンナ　ツバサ　ヴォナー　ヴァーシャ　ウちーテリカ

《 ロシア語訳 》

Мария : Вот ваша комната.

Цубаса : Спасибо. О, это большая комната.

Мария : Но очень старая.

Цубаса : Хорошо. Окно тоже большое.

Мария : А телевизор маленький.

Цубаса : ...Ничего.Там старая фотография.

Мария : Это моя мать.

Цубаса : Она красивая и молодая. А здесь новая фотография.
　　　　　 Кто это?

Мария : Это моя сестра Анна. Цубаса, она ваша учительница!

《 慣用表現 》　　　　　　　　　　　　　　　🔊16

| **Дя́кую.** | Спасибо. | ありがとう。 |
| **Ніч́о́го.** | Ничего. | 構いません。 |

чоти́ри	четыре	4
о́сь	вот	ほら、これが
кímна́та	комната	部屋
вели́кий	большой	大きい
але́	но	しかし
ду́же	очень	とても
стари́й	старый	古い
вікн́о́	окно	窓
телеві́зор	телевизор	テレビ
мале́нький	маленький	小さい
фотогра́фія	фотография	写真
га́рний	красивый	美しい
молоди́й	молодой	若い
і	и	そして
нови́й	новый	新しい
вчи́телька	учительница	先生(女)

◆形容詞の区別のしくみはロシア語と同じです。ここでは変化した形を挙げていません。

1. 形容詞：「これは大きな部屋です」

Це́ вели́ка кімна́та. ⇐ Это большая комната.

	「大きい」	「小さい」	「古い」
男性形	вели́кий	мале́нький	стари́й
女性形	вели́ка	мале́нька	стара́
中性形	вели́ке	мале́ньке	старе́

ロシア語とは ここが違う	ロシア語の形容詞には子音で終わる語尾と結びつくときの形が -ый, -ой, -ий などがありましたが、ウクライナ語では軟語尾（си́ній「青い」 など）を除けば вели́кий,「大きい」、мале́нький「小さい」のよう にすべて -ий です。

2. アクセントの位置：「あそこに古い写真があります」

Та́м стара́ фотогра́фія. ⇐ Там старая фотография.

　по́друга「友だち（女）」のアクセントの位置がロシア語と比べて違っていることはすでに紹介しましたが、形容詞にも стари́й「古い」のように、ロシア語と似ているのにアクセントの位置が違うものがありますので、注意してください。

мале́нький	ма́ленький	小さい
нови́й	но́вый	新しい

3. i と й：「彼女はきれいで若いです」

Вона́ га́рна й молода́. ⇐ Она красивая и молодая.

　i は「そして」を表す接続詞です。これはその前後の音によって й とい
う形になるときがあります。i と й の使い分けは次のとおりです。

　　子音字と子音字の間：i　　Тара́с i Марі́я
　　子音字と母音字の間：i　　Тара́с i Окса́на
　　母音字と母音字の間：й　　Марі́я й Окса́на
　　母音字と子音字の間：i と й の両方が使われ、文のテンポやリズムによっ
　　　　　　　　　　　　て決まる。

《 **日本語訳** 》

> マリーヤ：ほらこれがあなたのお部屋です。
> つばさ　：ありがとうございます。うん、大きい部屋ですね。
> マリーヤ：でも、とても古いですけど。
> つばさ　：いいじゃないですか。窓も大きいですね。
> マリーヤ：でもテレビは小さいの。
> つばさ　：……構いません。あそこに古い写真がありますね。
> マリーヤ：私の母です。
> つばさ　：お綺麗でお若いですね。ここには新しい写真があります。これはだれで
> 　　　　　すか。
> マリーヤ：これは私の姉のハンナよ。つばささん、彼女はあなたの先生でしょ！

練習問題 2

1. ロシア語を参考にして、次のウクライナ語を日本語に訳しましょう。

   ❶ Це́ моя́ кімна́та.

   Это моя комната.

   ❷ Це́ мале́ньке вікно́.

   Это маленькое окно.

   ❸ Це́ нова́ фотогра́фія.

   Это новая фотография.

   ❹ Ва́ша вчи́телька га́рна.

   Ваша учительница красивая.

   ❺ Мíй бра́т стари́й.

   Мой брат старый.

2. 読んでみましょう。　　　　　　　　　　　　　🔊17

   Тара́с : **Це́ моя́ фотогра́фія.**

   Юкі　 : **Ду́же стара́. Це́ ва́ша сім'я́?**

   Тара́с : **Та́к. Це́ моя́ сім'я́.**

   Юкі　 : **Зрозумíло. Це́ ва́ш ба́тько?**

   Тара́с : **Та́к. Вíн учи́тель.**

   Юкі　 : **А це́ ва́ша ма́ти?**

   Тара́с : **Та́к. Вона́ те́ж учи́телька.**

   Юкі　 : **А це́?**

   Тара́с : **Це́ я!**

   [単語] сім'я́　家族　учи́тель　先生（男）

   ◆ учи́телька と вчи́телька の違いについては 71 ページを参照。

❷ Юкі ： **Тара́се, де́ ва́ша маши́на?** 🔊 18

Тара́с ： **О́сь ту́т.**

Юкі ： **Це́ ва́ша маши́на?**

Тара́с ： **Та́к, моя́.**

Юкі ： **Ду́же га́рна.**

Тара́с ： **Дя́кую.**

Юкі ： **Але́ мале́нька.**

Тара́с ： **Ви́бачте.**

Юкі ： **І стара́.**

Тара́с ： **Ви́бачте. Я́ не бага́тий.**

[単語] бага́тий 金持ちの

◆ Тара́се の形については 37 ページ参照。

┌─── さまざまな色7つ ───┐

бі́лий 白い　**чо́рний** 黒い　**черво́ний** 赤い　**блаки́тний** 青い

зеле́ний 緑の　**жо́втий** 黄色の　**кори́чневий** 茶色の

《 解答 》　1. ❶ これは私の部屋です。 ❷ これは小さい窓です。 ❸ これは新しい写真です。
❹ あなたの先生は美しい。 ❺ 私の兄は年をとっている。 2. →日本語訳は 114 ページ

5

УРОК П'ЯТЬ

雑誌を読んでいます

🔊 19

つばさ君が休んでいるところへ、オクサーナさんが訪ねてきます。

Окса́на : **Щó ви́ рóбите, Цубаса?**
シチョー　ヴィー　ロービテ　　ツバサ

Цубаса : **Á, Оксáно!　Дóбрий дéнь. Я́ відпочивáю.**
アー　　オクサーノ　　　ドーブるぃ　デーニ　ヤー　　ヴィドポチヴァーユ

Окса́на : **Я́к ви́ відпочивáєте?**
ヤーク　ヴィー　ヴィドポチヴァーイェテ

Цубаса : **Я́ читáю журнáл.**
ヤー　　ちターユ　　ジゅるナール

Окса́на : **Яки́й журнáл ви́ читáєте?**
ヤクィイ　　ジゅるナール　　ヴィー　ちターイェテ

Цубаса : **Я́ читáю істори́чний журнáл.**
ヤー　　ちターユ　　イストリーちゅヌィー　　ジゅるナール

Окса́на : **Цéй журнáл цікáвий?**
ツェーイ　ジゅるナール　　ツィカーヴィー

Цубаса : **Зóвсім не цікáвий.**
ゾーウスィム　ネ　　ツィカーヴィー

Окса́на : **А чомý ви́ читáєте?**
ア　ちょムー　ヴィー　ちターイェテ

Цубаса : **Я́ сáм не знáю.**
ヤー　サーム　ネ　ズナーユ

《 ロシア語訳 》

Оксана : Что вы делаете, Цубаса?

Цубаса : А, Оксана! Здравствуйте. Я отдыхаю.

Оксана : Как вы отдыхаете?

Цубаса : Я читаю журнал.

Оксана : Какой журнал вы читаете?

Цубаса : Я читаю исторический журнал.

Оксана : Этот журнал интересный?

Цубаса : Совсем не интересный.

Оксана : А почему вы читаете?

Цубаса : Я сам не знаю.

《 慣用表現 》　　　　　　　　　　　　　　　🔊20

зо́всім не...	совсем не...	全然〜ない

п'я́ть	пять	5
роби́ти	делать	する
відпочива́ти	отдыхать	休む
я́к	как	どのように
чита́ти	читать	読む
журна́л	журнал	雑誌
яки́й	какой	どのような
істори́чний	исторический	歴史の
ціка́вий	интересный	面白い
чому́	почему	どうして
са́м	сам	自身（男性の場合）
сама́	сама	自身（女性の場合）（下の説明を参照）
зна́ти	знать	知っている

◆ са́м と сама́ は主語が男性か女性かで使い分けます。

1.　動詞の第 1 変化：「私は雑誌を読んでいます」

Я чита́ю журна́л. ← Я читаю журнал.

чита́ти「読む」の現在変化

я	чита́ю	ми́	чита́ємо
ти́	чита́єш	ви́	чита́єте
він́	чита́є	вони́	чита́ють
вона́	чита́є		

◆ відпочива́ти「休む」、зна́ти「知っている」も同じ変化をします。
◆ він と вона́ は同じ語尾なので、この先は він で代表させます。

2.　動詞 роби́ти の変化：「あなたは何をしているのですか」

Що́ ви́ ро́бите? ← Что вы делаете?

роби́ти「する」の現在変化

я	роблю́	ми́	ро́бимо
ти́	ро́биш	ви́	ро́бите
він́	ро́бить	вони́	ро́блять

◆ 動詞 роби́ти は第 1 変化ではなく第 2 変化で、しかも単数 1 人称と複数 3 人称で л
が現れ、さらにアクセントの位置が単数 1 人称だけ後ろにあるので不規則です。こ
こではこのまま覚えてください。

3.　呼格：「オクサーナさん！」

Окса́но! ← Оксана!

　ウクライナ語では呼びかけるときに使う形があります。これを呼格と
いいます。呼格の主な作り方は次のようになります。

① a で終わる語は a を o に変えます。

Окса́на	⇒	**Окса́но!**	「オクサーナさん！」
сестра́	⇒	**Се́стро!**	「姉さん！」

◆アクセントの位置が移動することもあります。

② я で終わる語は я を є に変えます。

| **Марі́я** | ⇒ | **Марі́є!** | 「マリーヤさん！」 |

③ 子音字で終わる語には e をつけ加えます。

Тара́с	⇒	**Тара́се!**	「タラスさん！」
бра́т	⇒	**Бра́те!**	「兄さん！」

④ 一部には最後が y になる語もあります。

си́н	⇒	**Си́ну!**	「息子よ！」
ба́тько	⇒	**Ба́тьку!**	「お父さん！」

> **ロシア語とは
> ここが違う**　ロシア語の呼格は Боже!「神さま！」のような一部の例外を除いて、ほとんど残っていません。

《 日本語訳 》

オクサーナ	：何をしているのですか、つばささん。
つばさ	：あっ、オクサーナさん！こんにちは。休んでいるところです。
オクサーナ	：どんなふうに休んでいるのですか。
つばさ	：雑誌を読んでいます。
オクサーナ	：どんな雑誌を読んでいるのですか。
つばさ	：歴史雑誌を読んでいるのです。
オクサーナ	：その雑誌は面白いですか。
つばさ	：全然面白くありません。
オクサーナ	：じゃあどうして読んでいるのですか。
つばさ	：自分でも分からないんです。

日本語を話します

🔊 21

つばさ君は英語も話せるそうです。本当でしょうか。

Марія : **Цубаса, ви́ до́бре гово́рите украї́нською мо́вою.**

Цубаса : **Дя́кую. Ще́ я говорю́ япо́нською мо́вою.**

Марія : **Це́ звича́йно. Ви́ япо́нець.**

Цубаса : **Ще́ англі́йською мо́вою.**

Марія : **Я́к? Чи ви́ розумі́єте англі́йську мо́ву?**

Цубаса : **Та́к.**

Марія : **Чи ви́ чита́єте газе́ти і книжки́ англі́йською мо́вою?**

Цубаса : **Це́ тро́хи тя́жко.**

Марія : **Тоді́ ви́ ди́витеся фі́льми англі́йською мо́вою?**

Цубаса : **Це́ те́ж тя́жко.**

Марія : **Ви́ ді́йсно гово́рите англі́йською мо́вою?**

《 ロシア語訳 》

Мария : Цубаса, вы хорошо говорите по-украински.

Цубаса : Спасибо. Ещё я говорю по-японски.

Мария : Это конечно. Вы японец.

Цубаса : Ещё по-английски.

Мария : Как? Вы понимаете по-английски?

Цубаса : Да.

Мария : Вы читаете газеты и книги по-английски?

Цубаса : Это немного трудно.

Мария : Тогда вы смотрите фильмы по-английски?

Цубаса : Это тоже трудно.

Мария : Вы действительно говорите по-английски?

《 慣用表現 》　　　　　　　　　　　　　　　　　　🔊22

| Звича́йно. | Конечно. | もちろん、当然だ。 |
| Я́к? | Как? | なんですって？ |

ші́сть	шесть	6
говори́ти	говорить	話す
украї́нською мо́вою	по-украински	ウクライナ語で
ще́	ещё	さらに
япо́нською мо́вою	по-японски	日本語で
англі́йською мо́вою	по-английски	英語で
розумі́ти	понимать	理解する
газе́та	газета	新聞
кни́жка	книга	本
тро́хи	немного	少し
тя́жко	трудно	難しい
диви́тися	смотреть	見る（я дивлю́ся, ти ди́вишся …）
фі́льм	фильм	映画（作品）
ді́йсно	действительно	本当に

1. 動詞の第2変化：「私は日本語を話します」

Я говорю́ япо́нською мо́вою. ⇐ Я говорю по-японски.

говори́ти 「話す」の現在変化

я	говорю́	ми́	гово́римо
ти́	гово́риш	ви́	гово́рите
він	гово́рить	вони́	гово́рять

第1変化に比べて違いが4つあります。

（1）第1変化が **ти́ ...єш, ми́...ємо, ви́...єте** に対して、第2変化では **ти́ ...иш, ми́...имо, ви́...ите** のように **є** が **и** になっている。

（2）第1変化が **він...є** に対して、第2変化では **він...ить** になっている。

（3）第1変化が **вони́...ють** に対して、第2変化では **вони́...ять** のように **ю** が **я** になっている。

第1変化 | 第2変化

я	чита́ю	ми́	чита́ємо
ти	чита́єш	ви́	чита́єте
він	чита́є	вони́	чита́ють

я	говорю́	ми́	гово́римо
ти	гово́риш	ви́	гово́рите
він	гово́рить	вони́	гово́рять

（4）第1変化は **чита́ти** から **ти** を取り去って **ю,єш...** などをつけたが、第2変化では **говори́ти** から **ти** を取り去って，<u>さらに **и** を取り去ってから</u> **ю,иш...** などをつけていく。

◆この本ではこの先、[1] が第1変化、[2] が第2変化を表すことにします。

**ロシア語とは
ここが違う**

ウクライナ語にはロシア語の по-украински に相当する副詞がないに等しく、「～語で」という表現には **украї́нською мо́вою** のように造格（→第16課）を用います。また **говори́ти** と同じ意味で、**розмовля́ти** もよく使います。

Я розмовля́ю украї́нською мо́вою.
私はウクライナ語を話します。

2. 名詞の複数形：「あなたは新聞や本を読みますか」

Чи ви́ чита́єте газе́ти і книжки́?

⇐ Вы читаете газеты и книги?

　ウクライナ語の名詞の複数形の作り方はロシア語と同様、英語のように
ただ何かをつけるだけではありません。それぞれの語尾によって分類をす
る必要があります。ここではそのうちの主な規則だけ見てみましょう。

1）子音で終わる男性名詞：最後に **и** を加える。**фі́льм → фі́льми**
2）**а** で終わる女性名詞：最後の **а** を取り去って **и** を加える。
　　　газе́та → газе́ти
　◆ 1）と 2）は同じ語尾をつけるのですが、そのままつけていいかどうかに
　　気をつけてください。
3. **о** で終わる中性名詞：最後の **о** を取り去って **а** を加える。
　　　вікно́ → ві́кна

ロシア語とは
ここが違う | 動詞 розумі́ти は目的語が対格（→第9課）になります。
Я розумі́ю украї́нську мо́ву.　私はウクライナ語を理解します。

《 日本語訳 》

マリーヤ：つばささんは上手にウクライナ語が話せますね。
つばさ　：ありがとうございます。あと日本語が話せます。
マリーヤ：それはそうでしょう。あなたは日本人なんですから。
つばさ　：あと英語。
マリーヤ：なんですって？　あなたは英語が分かるのですか。
つばさ　：ええ。
マリーヤ：では英語で新聞や本が読めるのですか。
つばさ　：それは少し難しいですね。
マリーヤ：それでは英語で映画を見るのですか。
つばさ　：それも難しいです。
マリーヤ：本当に英語が話せるのですか。

練習問題 3

1. ロシア語を参考にして、次のウクライナ語を日本語に訳しましょう。

❶ Я́ відпочива́ю.

Я отдыхаю.

❷ Окса́на чита́є журна́л.

Оксана читает журнал.

❸ Я́ не зна́ю.

Я не знаю.

❹ Марі́я ди́виться фі́льм.

Мария смотрит фильм.

❺ Чи ви́ гово́рите япо́нською мо́вою?

Вы говорите по-японски?

2. 読んでみましょう. 🔊23

❶ Юкі : **Тара́се, ви́ гово́рите англі́йською мо́вою?**

Тарас : **Ні́, я не говорю́ англі́йською мо́вою.**

Юкі : **А япо́нською мо́вою?**

Тарас : **Те́ж не говорю́. Але́ я говорю́ уго́рською.**

Юкі : **Я́к? Ви́ розумі́єте уго́рську мо́ву?**

Тарас : **Та́к.**

Юкі : **Чому́?**

Тарас : **Я́ са́м не зна́ю.**

[単語] уго́рський　ハンガリーの

❷ Юкі : **Тара́се, ви́ па́лите?** 🔊 24

Тарас : **Ні́, я́ не палю́.**

Юкі : **Це́ до́бре. Ви́ ди́витеся фі́льми?**

Тарас : **Ні́, я́ не дивлю́ся.**

Юкі : **А телеві́зор?**

Тарас : **Те́ж не дивлю́ся.**

Юкі : **А книжки́ ви́ чита́єте?**

Тарас : **Не чита́ю.**

Юкі : **А журна́ли і газе́ти?**

Тарас : **Ні́.**

Юкі : **Тара́се, ви́ не ціка́ва люди́на.**

［単語］ пали́ти　タバコを吸う　　люди́на　人

ロシア語とは ここが違う	単語の意味のずれ「人・夫・男」		
	人	люди́на	человек
	夫	чолові́к	муж
	男	чолові́к	мужчина

╭─ ポケットに入っている７つ ─╮

клю́ч　鍵　　ху́стка　ハンカチ　　окуля́ри　メガネ　　гро́ші　お金

годи́нник　時計　　квито́к　切符　　па́спорт　パスポート

―――――――――――――――――――――――――――――

《 解答 》　1. ❶ 私は休んでいます。❷ オクサーナは雑誌を読んでいます。❸ 私は知りません。
❹ マリーヤは映画を観ています。❺ あなたは日本語を話しますか。2. →日本語訳は 114 ページ

7 彼女はどこに住んでいるのですか

つばさ君はオクサーナさんのことが気になって仕方がありません。

Цубаса : **Маріє, скажíть, дé працю́є Окса́на?**

Марíя : **Вона́ не працю́є. Вона́ студе́нтка.**

Цубаса : **Дé вона́ навча́ється?**

Марíя : **Вона́ навча́ється в університе́ті.**

Цубаса : **Дé знахо́диться її́ університе́т?**

Марíя : **Я то́чно не пам'ята́ю.**

Цубаса : **А дé вона́ живе́?**

Марíя : **Вона́ живе́ на ву́лиці Шевче́нка.**

Цубаса : **Маріє, скажíть......**

Марíя : **Цубаса, ви пита́єте ті́льки про Окса́ну.**

Цубаса : **...... До́бре. А дé живу́ть її́ батьки́?**

Цубаса : Мария, скажите, где работает Оксана?

Мария : Она не работает. Она студентка.

Цубаса : Где она учится?

Мария : Она учится в университете.

Цубаса : Где находится её университет?

Мария : Я точно не помню.

Цубаса : А где она живёт?

Мария : Она живёт на улице Шевченко.

Цубаса : Мария, скажите……

Мария : Цубаса, вы спрашиваете только об Оксане.

Цубаса : …… Хорошо. А где живут её родители?

《 慣用表現 》 🔊 26

Скажі́ть.	Скажите.	教えてください。
ву́лиця Шевче́нка	улица Шевченко	シェフチェンコ通り

сі́м	семь	7
працюва́ти	работать	働く
студе́нтка	студентка	大学生（女）
навча́тися	учиться	在学する
в	в	～で、～に
університе́т	университет	大学
знахо́дитися	находиться	～にある
то́чно	точно	正確に
пам'ята́ти	помнить	覚えている
жи́ти	жить	住む
на	на	～で、～に
ву́лиця	улица	通り
пита́ти	спрашивать	尋ねる
ті́льки	только	だけ、ばかり
про	о	～について
батьки́	родители	両親

1. **ся** のつく動詞の変化：「彼女はどこで勉強していますか」

Де́ вона́ навча́ється? ⇐ Где она учится?

навча́тися 「勉強する」の現在変化

я	навча́юся	ми	навча́ємося
ти	навча́єшся	ви	навча́єтеся
він	навча́ється	вони́	навча́ються

◆ **ся** のつく動詞の変化のタイプは第1変化もあれば，第2変化もあります。
◆ この навча́тися は第1変化ですが、単数3人称の形が **є** ではなく **єть** となっている点に注意してください。

2. 場所の表現と **в, на**

универси́тет 大学 → в университе́ті 大学で
ву́лиця 通り → на ву́лиці 通りで
◆ **в** と **на** の使い分けがいつでもロシア語と一致するとは限りません。

Украї́на ウクライナ → в Украї́ні ウクライナで

（ロシア語は на Украине）

і のつけ方に注意してください。子音で終わる語はそのままつければいいのですが、a で終わる語はまず a を取り去ってから і をつけます。このような形を前置格といいます。

ロシア語とは ここが違う	ву́лиця Шевче́нка「シェフチェンコ通り」の Шевче́нка は生格形です。生格については第14課を参照。

ロシア語とは ここが違う	「～について」はロシア語では о ＋前置格で表しますが、ウクライナ語では про ＋対格になります。対格については第9課を参照。

3. в と у ① : 「彼女は大学で勉強しています」

Вона́ навча́ється в університе́ті.

⇐　Она учится в университете.

　この例文では前置詞が母音字の間に挟まれていますので в ですが、子音字の間では у、母音字と子音字の間などでは в と у の両方が使われ、文のテンポやリズムによって決まります。

Ві́н у кімна́ті.　彼は部屋にいます。

Вона́ в кімна́ті.　彼女は部屋にいます。

Вона́ у кімна́ті.　（同上）

4. 動詞 жи́ти「住む」の変化

я	живу́	ми́	живемо́
ти́	живе́ш	ви́	живете́
ві́н	живе́	вони́	живу́ть

《 日本語訳 》

つばさ　：マリーヤさん、教えてください、オクサーナはどこで働いているのですか。

マリーヤ：彼女は働いてませんよ。大学生です。

つばさ　：どこで勉強しているのですか。

マリーヤ：彼女は大学で勉強しています。

つばさ　：彼女の大学はどこにあるのですか。

マリーヤ：正確には覚えていません。

つばさ　：では彼女はどこに住んでいるのですか。

マリーヤ：シェフチェンコ通りに住んでいます。

つばさ　：マリーヤさん、あの……

マリーヤ：つばささん、あなたオクサーナのことばかり尋ねるのね。

つばさ　：……分かりましたよ。じゃあ彼女の両親はどこに住んでいるのですか。

8

電話を持っていますか

🔊 27

つばさ君はオクサーナさんの電話番号が知りたいと思っています。

Окса́на : **Цубаса, у ва́с є ча́с?/ ви́ ма́єте ча́с?**

Цубаса : **Та́к, у ме́не є ча́с./ Та́к, я ма́ю ча́с. А що́?**

Окса́на : **У ме́не є пита́ння./ Я ма́ю пита́ння. Це́ анке́та.**

Цубаса : **Ціка́во. До́бре, почина́йте.**

Окса́на : **У ва́с є комп'ю́тер?/ Ви́ ма́єте комп'ю́тер?**

Цубаса : **Та́к, є. У ме́не япо́нський комп'ю́тер. /**

   Та́к, ма́ю. Я́ ма́ю япо́нський комп'ю́тер.

Окса́на : **У ва́с є телефо́н? / Ви́ ма́єте телефо́н?**

Цубаса : **Та́к, є. / Та́к, ма́ю. А у ва́с, Окса́но? /А ви, Окса́но?**

Окса́на : **У ме́не? / Я́? Та́к, звича́йно, є./ Та́к, звича́йно, ма́ю.**

Цубаса : **Да́йте, будь ла́ска, ва́ш но́мер!**

《 ロシア語訳 》

Оксана : Цубаса, у вас есть время?

Цубаса : Да, у меня есть время. А что?

Оксана : У меня есть вопросы. Это анкета.

Цубаса : Интересно. Хорошо, начинайте.

Оксана : У вас есть компьютер?

Цубаса : Да, есть. У меня японский компьютер.

Оксана : У вас есть телефон?

Цубаса : Да, есть. А у вас, Оксана?

Оксана : У меня? Да, конечно есть.

Цубаса : Дайте, пожалуйста, ваш номер!

**ロシア語とは
ここが違う**　ロシア語では前置詞 в と у はまったく違いますが、ウクライナ語では前後の音によって変わりますので見た目の区別がなくなります。そのため в ＋生格も у ＋前置格もあります。

《 慣用表現 》　🔊28

| **Будь ла́ска.** | Пожалуйста. | どうぞ。 |

ві́сім	восемь	8
у	у	〜のもとに
є́	есть	ある
ча́с	время	時間
ма́ти	（иметь）	持つ
пита́ння	вопрос	質問（複数形も同じ形）
анке́та	анкета	アンケート
ціка́во	интересно	面白い
почина́ти	начинать	始める
комп'ю́тер	компьютер	コンピュータ
япо́нський	японский	日本の
телефо́н	телефон	電話
да́ти	дать	与える
но́мер	номер	番号

◆ウクライナ語の **ма́ти** とロシア語の иметь は使い方が違います。

49

1. **所有の表現**：「私には時間があります」

У ме́не є час. / Я ма́ю час. ⇐ У меня есть время.

ウクライナ語には所有の表現が2つあります。

❶ У ме́не є ＋主格の構文

у ме́не є	у нас є
у те́бе є	у вас є
у ньо́го є у не́ї є	у них є

◆ ме́не, те́бе などは、それぞれ я, ти などの生格（86 ページ）ですが、形の違うものが一部あります。

❷ 動詞 ма́ти ＋対格（→第 9 課）の構文

я ма́ю	ми ма́ємо
ти ма́єш	ви ма́єте
він ма́є	вони ма́ють

❶と❷の違いは微妙です。文体によって使い分けるべきだという意見がある一方で、まったく同じであるという意見もあります。本書ではどちらも可能という立場をとり、両方の構文の例を挙げていきます。

◆ すでに持っていることが分かっている場合には є は使いませんが（У ме́не япо́нський комп'ю́тер.）、ма́ти は Я ма́ю япо́нський комп'ю́тер. のように省略することができません。

2. **命令形**：「始めてください」

Почина́йте. ⇐ Начинайте.

命令形の作り方は第 1 変化と第 2 変化で違います。

第 1 変化動詞の命令形：不定形から ти を取り去って йте をつけます。

  　　　　　почина́ти 始める　→　**Почина́йте.** 始めてください。

第２変化動詞の命令形：不定形から **ити** を取り去って **íть** をつけます.

　　говори́ти 話す　→　**Говорі́ть.** 話してください。

◆ただし現在変化と違ってアクセントは移動しません。

ロシア語とは ここが違う	ロシア語では親しい間柄で使う命令形は最後の те を取り去れば作れましたが、ウクライナ語の場合、第１変化の動詞は最後の те を取り去れば Почина́йте. → Почина́й. 「始めてよ」が作れるものの、第２変化の動詞では Говорі́ть. → Говори́. 「話してよ」のように、形が大きく変わります。

3.　в と у ②：「あなたはコンピュータを持っていますか」

У ва́с є комп'ю́тер? ⇐ У вас есть компьютер?

　　この例文では前置詞が子音字の前なので **у** ですが、あとに母音字が続けば **в** になります。

　　В Окса́ни є комп'ю́тер?　　オクサーナはコンピュータを持っていますか。

《 日本語訳 》

オクサーナ：つばささん、時間がありますか。
つばさ　：ええ、時間はあります。で、何ですか。
オクサーナ：質問があります。アンケートなんです。
つばさ　：面白そうですね。いいですよ、始めてください。
オクサーナ：コンピュータは持っていますか。
つばさ　：はい、持っています。私のは日本製のコンピュータです。
オクサーナ：電話は持っていますか。
つばさ　：はい、持っています。オクサーナさんは持っていますか。
オクサーナ：私？　もちろん持っているわ。
つばさ　：どうぞ電話番号を教えてください！

練習問題 4

1. ロシア語を参考にして、次のウクライナ語を日本語に訳しましょう。

❶ Я́ живу́ ту́т.

Я живу здесь.

❷ Я́ навча́юся в університе́ті.

Я учусь в университете.

❸ Де́ знахо́диться ва́ша кімна́та?

Где находится ваша комната?

❹ До́бре відпочива́йте!

Хорошо отдыхайте!

❺ Не палі́ть!

Не курите!

2. 読んでみましょう。　　　　　　　　　　　　　🔊29

❶ Юкі　: **Тара́се, ви́ навча́єтеся?**

　　Тарас : **Ні́, я́ не студе́нт.**

　　Юкі　: **Тоді́ ви́ працю́єте?**

　　Тарас : **Та́к, я́ працю́ю.**

　　Юкі　: **Де́ ви́ працю́єте?**

　　Тарас : **Я́ працю́ю в ресторá́ні.**

　　Юкі　: **Ва́ша пра́ця ціка́ва?**

　　Тарас : **Ні́, зо́всім не ціка́ва.**

[単語] студе́нт 大学生（男）　　рестора́н レストラン

❷ Тара́с : **Юкі, у ва́с є маши́на?/ ви́ ма́єте маши́ну?**

Юкі　: **Та́к, є. У ме́не вели́ка маши́на. /**
　　　　Та́к, ма́ю. Я́ ма́ю вели́ку маши́ну.

Тара́с : **А у ва́с є комп'ю́тер? /А ви ма́єте комп'ю́тер?**

Юкі　: **Та́к, у ме́не нови́й комп'ю́тер. /**
　　　　Та́к, я́ ма́ю нови́й комп'ю́тер.

Тара́с : **А у ва́с телефо́н те́ж нови́й?**

Юкі　: **Та́к, у ме́не нови́й і мале́нький телефо́н. /**
　　　　Та́к, я́ ма́ю нови́й і мале́нький телефо́н.

Тара́с : **У ва́с є батьки́? /Ви́ ма́єте батькі́в?**

Юкі　: **Та́к. У ме́не бага́тий ба́тько та га́рна ма́ти. /**
　　　　Я́ ма́ю бага́того ба́тька та га́рну ма́тір.

Тара́с : **У ва́с є всé... /Ви́ ма́єте всé...**

[単語] та そして　всé すべて

◆ та は і と同じように使われます。

ロシア語とは
ここが違う │ ロシア語の мать「母」は主格と対格が同じ形ですが、ウクライナ語の
　　　　　　　ма́ти は対格が ма́тір となります。

～～～ 人にお願いする７つ ～～～

Да́йте. ください。　Покажі́ть. 見せてください。

Скажі́ть. 教えてください。　Почека́йте. 待ってください。

Проха́дьте. 通ってください。　Сіда́йте. 座ってください。

Не хвилю́йтеся. 心配しないでください。

《解答》 1. ❶ 私はここに住んでいます。❷ 私は大学で勉強しています。❸ あなたの部屋
はどこにありますか。❹ よく休んでください。❺ タバコを吸わないでください。2.→日本
語訳は 115 ページ

9

УРОК ДЕВ'ЯТЬ

音楽を聴いているのですか

🔊 31

つばさ君は意外と文学青年なのかもしれません。

Марі́я : **Щó ви́ за́раз ро́бите? Ви́ слу́хаєте му́зику?**

Цубаса : **Та́к, я́ слу́хаю му́зику і пишу́ кни́жку.**

Марі́я : **Щó!? Ви́ чита́єте кни́жку?**

Цубаса : **Ні́, я́ пишу́.**

Марі́я : **Ви́ пи́шете ли́ст чи статтю́?**

Цубаса : **Ні́, ні́, кни́жку. Я́ пишу́ кни́жку.**

Марі́я : **......До́бре. Яку́ кни́жку ви́ пи́шете?**

Цубаса : **Істори́чний рома́н.**

Марі́я : **Я́к ві́н назива́ється?**

Цубаса : **«Війна́, ми́р та я́блуко».**

Марі́я : **Ди́вний рома́н.**

54

《 ロシア語訳 》

Мария ： Что вы сейчас делаете? Вы слушаете музыку?

Цубаса ： Да, я слушаю музыку и пишу книгу.

Мария ： Что!? Вы читаете книгу?

Цубаса ： Нет, я пишу.

Мария ： Вы пишете письмо или статью?

Цубаса ： Нет, нет, книгу. Я пишу книгу.

Мария ： ......Хорошо. Какую книгу вы пишете?

Цубаса ： Исторический роман.

Мария ： Как он называется?

Цубаса ： «Война, мир и яблоко».

Мария ： Странный роман.

де́в'ять	девять	9	🔊32
за́раз	сейчас	いま	
слу́хати	слушать	聴く	
му́зика	музыка	音楽	
писа́ти	писать	書く	
лист	письмо	手紙	
чи	или	または、それとも	
стаття́	статья	論文	
рома́н	роман	長編小説	
називати́ся	называться	～という名前だ	
війна́	война	戦争	
мир	мир	平和	
я́блуко	яблоко	リンゴ	
ди́вний	странный	変な	
воно́	оно	それ（下の説明を参照）	

◆ чи は疑問文と作るほかに、「または、それとも」という意味で使われます。

◆ Як він назива́ється? の він は істори́чний рома́н のことを指しています。このように代名詞は人だけでなく物の代わりに使うことができます。このとき男性名詞は він、女性名詞は вона́、中性名詞は воно́、複数ならばすべて вони́ を用います。

1. 格について

　ウクライナ語には日本語のようなテニヲハがなく、その代わり名詞の語尾が変わることで主語なのか目的語なのかなどを示します。これを格といいます。ウクライナ語には7つの格があります。

主格　　「〜は」「〜が」（主語や辞書の見出し）
生格　　「〜の」（所有者）
与格　　「〜に」（間接目的）
対格　　「〜を」（直接目的）
造格　　「〜で」（手段）
前置格　……（いつでも前置詞と結びつく）
呼格　　「〜よ」（呼びかけ）

> **ロシア語とは ここが違う**　格の数はウクライナ語が7つあるのに対し、ロシア語には呼格がないので6つになります。

2. 名詞の対格（1）：「私は音楽を聴いています」

Я слу́хаю му́зику.　⇐　Я слушаю музыку.

　「音楽」は **му́зика** ですが、例文のように目的語、つまり対格になるときには語尾が変わります。

　　му́зика　→　му́зику「音楽を」

　また **стаття́** の「論文」ような **я** で終わる語は、対格では最後の **я** が **ю** になります（ただし **стаття́** は女性名詞です）。

　　стаття́　→　статтю́「論文を」

◆ ба́тько「お父さん」や Тара́с「タラス」など、男性を表す語はまた違った語尾がつきます。（→ 96 ページ）

3. 形容詞の対格：「どんな本を書いているのですか」

Яку́ кни́жку ви́ пи́шете? ← Какую книгу вы пишете?

　主格では **якá кни́жка** ですが、「どんな本を」 となると **яку́ кни́жку** になります。

> ● ロシア語とは
> ここが違う
>
> ウクライナ語の形容詞と名詞の語尾は、女性形で主格が **якá кни́жка**、対格が **яку́ кни́жку** のように一致しています。**украї́нською мо́вою** 「ウクライナ語で」 もそうでした。しかしいつでも同じとは限りません。

5. 動詞 **писа́ти** 「書く」 の変化

я́	пишу́	ми́	пи́шемо
ти́	пи́шеш	ви́	пи́шете
він	пи́ше	вони́	пи́шуть

《 **日本語訳** 》

マリーヤ：いま何をしているのですか。音楽を聴いているのですか。

つばさ　：ええ、音楽を聴きながら、本を書いています。

マリーヤ：なんですって!?　本を読んでいるんですか。

つばさ　：いいえ、書いているんです。

マリーヤ：手紙か論文を書いているんですか。

つばさ　：いえいえ、本です。本を書いているんです。

マリーヤ：……いいでしょう。どんな本を書いているのですか。

つばさ　：歴史小説です。

マリーヤ：題名はなんというのですか。

つばさ　：『戦争と平和とリンゴ』。

マリーヤ：変な小説ね。

小包を送りたい

🔊 33

つばさ君は郵便局で小包を送りたいのですが、これがなかなか大変です。

Окса́на　: **Цубаса, куди́ ви́ йдете́?**

Цубаса　: **Я́ йду́ на по́шту.**

Цубаса　: **До́брий де́нь. Я́ хо́чу відпра́вити це́.**

Жі́нка 1 : **Поси́лку? Це́ не ту́т. Іді́ть туди́.**

Цубаса　: **......До́брий де́нь. Я́ хо́чу відпра́вити поси́лку.**

Жі́нка 2 : **Куди́ ви́ хо́чете відпра́вити?**

Цубаса　: **До Япо́нії.**

Жі́нка 2 : **Це́ не ту́т. Іді́ть право́руч.**

Цубаса　: **......До́брий де́нь. Я́ хо́чу відпра́вити поси́лку до Япо́нії.**

Жі́нка 3 : **Сто́ гри́вень.**

Цубаса　: **Ще́ я́ хо́чу купи́ти ма́рки.**

Жі́нка 3 : **Це́ не ту́т. Іді́ть ліво́руч.**

《 ロシア語訳 》

Оксана	: Цубаса, куда вы идёте?
Цубаса	: Я иду на почту.
Цубаса	: Здравствуйте. Я хочу отправить это.
Женщина 1	: Посылку? Это не здесь. Идите туда.
Цубаса	: ......Здравствуйте. Я хочу отправить посылку.
Женщина 2	: Куда вы хотите отправить?
Цубаса	: В Японию.
Женщина 2	: Это не здесь. Идите направо.
Цубаса	: ......Здравствуйте. Я хочу отправить посылку в Японию.
Женщина 3	: Сто гривен.
Цубаса	: Ещё я хочу купить марки.
Женщина 3	: Это не здесь. Идите налево.

《 慣用表現 》 🔊34

Ідíть.	Идите.	行ってください。
стó грúвень	сто гривен	100 フリブナ（フリブナはウクライナの貨幣単位）

дéсять	десять	10
кудú	куда	どこへ
ітú	идти	行く
на	на	〜へ
пóшта	почта	郵便局
хотíти	хотеть	〜したい
вíдпрáвити	отправить	送る
жíнка	женщина	女性
посúлка	посылка	小包
тудú	туда	そこへ
до	в	〜へ
Япóнія	Япония	日本
прáворуч	направо	右へ
купúти	купить	買う
мáрка	марка	切手
лівóруч	налево	左へ

1. 動詞 **хотíти** の変化：「私はこれを送りたい」

Я хо́чу відпра́вити це́. ⇐ Я хочу отправить это.

хотíти「したい」の現在変化

я	хо́чу	ми́	хо́чемо
ти́	хо́чеш	ви́	хо́чете
він	хо́че	вони́	хо́чуть

◆不定形にない **ч** の音が出てきますが、変化は **писáти**「書く」と同じです。

2. 動詞 **іти́** の変化：「あなたはどこへ行くのですか」

Куди́ ви́ йдете́? ⇐ Куда вы идёте?

іти́「行く」の現在変化

（я）	іду́	（ми́）	ідемо́
（ти́）	іде́ш	（ви́）	ідете́
（він）	іде́	（вони́）	іду́ть

◆人称代名詞に（　）をつけたのは、**іду́, іде́ш** などの語頭の **і** が前に母音字がある
と **й** に変わるからです。

3. **і** と **й**

і で始まる語は、その前が母音で終わっているとき **й** に変わります。

    Куди́ вона́ йде́?   彼女はどこへ行くのですか。

文頭では **і** のままです。

    Іді́ть право́руч.   右へ行ってください。

4. 行き先の表現：「私は郵便局へ行くところです」

Я́ йду́ на по́шту. ⇐ Я иду на почту.

　行き先を示すときには前置詞を用います。場所を示すときに на ＋前置格で表す語は、行き先では на ＋対格になるのに対し、場所を示すときに в ＋前置格で表す語は、行き先では до ＋生格（第 14 課）になります。

〈場所〉 〈行き先〉

Я́ навча́юся в університе́ті. **Я́ йду́ до університе́ту.**

私は大学で学んでいます。 私は大学へ行きます。

Я́ працю́ю на по́шті. **Я́ йду́ на по́шту.**

私は郵便局で働いています。 私は郵便局へ行きます。

ロシア語とはここが違う	ロシア語では в ＋前置格で場所を示す名詞は行先を表わすとき в ＋対格になります。

《 日本語訳 》

オクサーナ	：つばささん、どこへ行くのですか。
つばさ	：郵便局へ行くのです。

つばさ	：こんにちは。これを送りたいのですが。
女性1	：小包ですか。ここじゃありません。あちらへ行ってください。
つばさ	：……こんにちは。小包を送りたいのですが。
女性2	：どちらへ送りたいのですか。
つばさ	：日本です。
女性2	：ここじゃありません．右へ行ってください。
つばさ	：……こんにちは。日本へ小包を送りたいのですが。
女性3	：100 フリブナです。
つばさ	：あと切手を買いたいのですが。
女性3	：ここじゃありません。左へ行ってください。

練習問題 5

1. ロシア語を参考にして、次のウクライナ語を日本語に訳しましょう。

❶ Я́ пишу́ кни́жку.

Я пишу книгу.

❷ Окса́на пи́ше статтю́.

Оксана пишет статью.

❸ Я́ йду́ до кімна́ти.

Я иду в комнату.

❹ Марі́я хо́че маши́ну.

Мария хочет машину.

❺ Я́ хо́чу купи́ти пальто́.

Я хочу купить пальто.

2. 読んでみましょう。　　　　　　　　　　　　　🔊 35

❶ Юкі　：**Тара́се, що́ ви́ ро́бите?**

Тара́с：**Я́ чита́ю кни́жку.**

Юкі　：**Яку́ кни́жку ви́ чита́єте?**

Тара́с：**Я́ чита́ю кни́жку про пта́ха.**

Юкі　：**Я́к вона́ назива́ється?**

Тара́с：**«Ча́йка».**

Юкі　：**Тара́се, ця́ кни́жка не про пта́ха.**

[単語] пта́х 鳥（пта́ха の形については 96 ページを参照）　　ча́йка カモメ

❷ Юкі : **Тара́се, куди́ ви? Іді́ть сюди́.** 🔊36

Тара́с : **До́брий де́нь, Юкі.**

Юкі : **Скажі́ть, ви не зна́єте, де́ по́шта?**

Тара́с : **Та́к, зна́ю. А що́?**

Юкі : **Я́ хо́чу купи́ти ма́рки.**

Тара́с : **У ме́не є́.**

Юкі : **О́, дя́кую. Я́ хо́чу відпра́вити цей ли́ст до Япо́нії.**
Тоді́ да́йте, будь ла́ска, ма́рку.

Тара́с : **...Моя́ ма́рка, моя́ ма́рка...Ди́вно, де́ моя́ ма́рка?**

Юкі : **... Зрозумі́ло, скажі́ть ще́ ра́з, де́ по́шта?**

[単語] сюди́ ここへ　　ще́ ра́з もう一度

━━ みんなが集まる場所７つ ━━

па́рк 公園　шко́ла 学校　ліка́рня 病院　універма́г デパート

аеропо́рт 空港　готе́ль ホテル　бібліоте́ка 図書館

《 解答 》 1. ❶ 私は本を書いています。 ❷ オクサーナは論文を書いています。❸私は部屋
へ行きます。 ❹ マリーヤは車がほしい。❺ 私はコートが買いたい。2. →日本語訳は 115 ページ

11

日本文学を勉強していました

マリーヤさんはつばさ君が日本にいた頃のことをたずねています。

Марı́я ： **Щó ви́ роби́ли в Япóнії?**

Цубаса： **Я́ навчáвся.**

Марı́я ： **Дé ви́ навчáлися?**

Цубаса： **В університéті. Я́ вивчáв япóнську літератýру.**

Марı́я ： **А украı́нську мóву?**

Цубаса： **Украı́нську мóву я́ вивчáв я́к дрýгу інозéмну мóву.**

Марı́я ： **Ви́ багáто працювáли. Тодı́ ви́ вжé дóбре говори́ли українською мóвою в Япóнії?**

Цубаса： **Нı́, украı́нською мóвою я́ впéрше говори́в в Украı́ні.**

Марı́я ： **Алé на урóці Гáнна говори́ла украı́нською мóвою.**

Цубаса： **Тáк, вонá зáвжди говори́ла занáдто багáто, а я́ тı́льки слýхав.**

Мария : Что вы делали в Японии?

Цубаса: Я учился.

Мария : Где вы учились?

Цубаса: В университете. Я изучал японскую литературу.

Мария : А украинский язык?

Цубаса: Украинский язык я изучал как второй иностранный язык.

Мария : Вы много занимались. Тогда вы уже хорошо говорили по-украински в Японии?

Цубаса: Нет, по-украински я впервые говорил на Украине.

Мария : Но на уроке Анна говорила по-украински .

Цубаса: Да, она всегда говорила слишком много, а я только слушал.

《 慣用表現 》 🔊38

українська мóва	украинский язык	ウクライナ語
одинáдцять	одиннадцать	11
вивчáти	изучать	勉強する
літератýра	литература	文学
украïнський	украинский	ウクライナの
мóва	язык	言語
як	как	〜として
дрýгий	второй	第2の
інозéмний	иностранный	外国の
багáто	много	たくさん
вжé	уже	すでに
впéрше	впервые	初めて
Украïна	Украина	ウクライナ
зáвжди	всегда	いつでも
занáдто	слишком	あまりにも

◆ завжди には зáвжди と завждú の両方のアクセントが可能です。

1. 動詞の過去：「私は日本文学を勉強していました」

Я́ вивча́в япо́нську літерату́ру.

⇐ Я изучал японскую литературу.

	第1変化	第2変化	語尾
男性形	вивча́в	говори́в	-в
女性形	вивча́ла	говори́ла	-ла
複数形	вивча́ли	говори́ли	-ли

◆ 過去の語尾は現在と違って1つのパターンしかないので、第1変化も第2変化も関係ありません。

男性形	навча́вся	-вся
女性形	навча́лася	-лася
複数形	навча́лися	-лися

ロシア語とは ここが違う　ロシア語は動詞の過去が男性形では л で終わりました。ウクライナ語は最後が в です。それ以外は女性形も複数形も同じです。

---

2. 場所の表現①：「ハンナは授業中にウクライナ語を話していました」

На уро́ці Га́нна говори́ла украї́нською мо́вою.

⇐ На уроке Анна говорила по-украински.

前置格形を作るとき、к, г, х で終わる語は ці, зі, сі になります。ка, га, ха で終わる語も同様です。

уро́к　　授業　→ **на уро́ці**　授業で

кни́жка　本　　→ **у кни́жці**　本の中で

3. 場所の表現②：「日本では何をしていましたか」

Щó ви́ роби́ли в Япо́нії? ⇐ Что вы делали в Японии?

いままでに勉強してきた場所の表現は、語尾が必ず i で終わっていましたが、**Япо́нія** のように **iя** で終わる語は **ïï** になります。

Япо́нія　　　日本　→　**в Япо́нії**　　　　日本で
фотогра́фія　写真　→　**на фотогра́фії**　写真で

また一部の男性名詞は **у** という語尾になります。

па́рк　公園　→　**в па́рку**　公園で

動詞の過去の 中性形について	形容詞に男性形、女性形、中性形があったように、動詞の過去にも中性形もあります。過去の中性形は **вивча́ти** は **вивча́ло**、**говори́ти** は **говори́ло**、**навча́тися** は **навча́лося** とそれぞれなります。しかし主語が中性になることは初級では少ないので、ここでは扱いません。

《 日本語訳 》

マリーヤ：日本では何をしていたのですか。
つばさ　：在学中でした。
マリーヤ：どこで勉強していたのですか。
つばさ　：大学です。日本文学を学んでいました。
マリーヤ：では、ウクライナ語は？
つばさ　：ウクライナ語は第2外国語で勉強しました。
マリーヤ：たくさん勉強したのですね。それではウクライナ語は日本にいるときからすでに上手に話せたのですか。
つばさ　：いいえ、ウクライナ語を初めて話したのはウクライナに来てからです。
マリーヤ：でもハンナは授業中にウクライナ語を話していたでしょう。
つばさ　：はい、彼女はいつでもあんまりたくさん話すので、ぼくは聞いているだけでした。

家にいました

🔊 39

つばさ君は家で試験勉強をするはずだったのですが……

Окса́на : **Цубаса, де́ ви́ були́ вчо́ра?**

Цубаса : **Я́ ці́лий де́нь бу́в удо́ма.**

Окса́на : **Чому́? Учо́ра була́ га́рна пого́да.**

Цубаса : **Тому́ що сього́дні вра́нці в ме́не бу́в і́спит /я ма́в і́спит.**

Окса́на : **Зрозумі́ло, ви́ працюва́ли.**

Цубаса : **Це́ ті́льки споча́тку. По́тім я́ втоми́вся та поча́в чита́ти**
кни́жку. Я́ ду́же люблю́ чита́ти.

Окса́на : **Кни́жка була́ ціка́ва?**

Цубаса : **Вона́ була́ ду́же ціка́ва. І я́ забу́в про все́.**

Окса́на : **А і́спит?**

Цубаса : **Не пита́йте…**

《 ロシア語訳 》

Оксана : Цубаса, где вы были вчера?

Цубаса : Я целый день был дома.

Оксана : Почему? Вчера была хорошая погода.

Цубаса : Потому что сегодня утром у меня был экзамен.

Оксана : Понятно, вы занимались.

Цубаса : Это только сначала. Потом я устал и начал читать книгу.
Я очень люблю читать.

Оксана : Книга была интересная?

Цубаса : Она была очень интересная. И я забыл обо всём.

Оксана : А экзамен?

Цубаса : Не спрашивайте...

| ロシア語とは
ここが違う | ロシア語では заниматься が自主的に「勉強する」を意味しますが、ウクライナ語にはこれに相当する動詞がないので、**працюва́ти** を当てました。 |

《 慣用表現 》 40

| **ці́лий де́нь** | целый день | 一日中 |
| **тому́ що** | потому что | なぜならば |

двана́дцять	двенадцать	12
вчо́ра	вчера	昨日
ці́лий	целый	全体の、全部の
де́нь	день	日
вдо́ма	дома	家に
вра́нці	утром	朝に
пого́да	погода	天気
і́спит	экзамен	試験
споча́тку	сначала	はじめに
по́тім	потом	それから
утоми́тися	устать	疲れる
поча́ти	начать	始める
люби́ти	любить	好む、好きだ
забу́ти	забыть	忘れる

◆ 天気が「よい」というときは **га́рний** が使えます。

1. бу́ти の過去：「昨日はどこにいましたか」

Де́ ви́ були́ вчо́ра? ⇐ Где вы были вчера?

「○○は△△です」というときに英語の be 動詞に相当するものがありませんが（→第1課）、過去では動詞 бу́ти を使います。

Я́ вдо́ма.　　　私は家にいます。（現在なので бу́ти は不要）

Я́ бу́в удо́ма.　私は家にいました。（過去で主語が男性のとき）

Я́ була́ вдо́ма.　私は家にいました。（過去で主語が女性のとき）

男性形	бу́в
女性形	була́
複数形	були́

◆中性形は було́ です。

2. 所有の表現の過去：「私は試験がありました」

У ме́не бу́в і́спит. ⇐ У меня был экзамен.

所有の表現（→第8課）には У ме́не є́... といった構文がありましたが、過去では є́ を бу́ти の過去に変え、бу́ти は所有しているモノに合わせます。

動詞 ма́ти を使えば、過去の作り方は他の動詞と同じです。

男性形	ма́в
女性形	ма́ла
複数形	ма́ли

Я́ ма́в і́спит.　私（男性）は試験がありました。

Я́ ма́ла і́спит.　私（女性）は試験がありました。

3. в と у ③ :「私は一日中家にいました」

Я ці́лий де́нь бу́в удо́ма. ⇐ Я целый день был дома.

前置詞 в/у に限らず、語頭が в/у で始まる語は前後の音の影響で交替します。

Я́ вдо́ма.	私は家にいます。
Ві́н удо́ма.	彼は家にいます。
Вона́ ва́ша вчи́телька.	彼女はあなたの先生です。（第 4 課）
Вона́ те́ж учи́телька.	彼女もまた先生です。（練習 2　2.❶）

4. 動詞 **люби́ти** の「好む」の変化

я	люблю́	ми	лю́бимо
ти	лю́биш	ви	лю́бите
він	лю́бить	вони́	лю́блять

◆ **роби́ти**「する」（→第 5 課）と同じ変化です。

《 日本語訳 》

オクサーナ	つばささん、昨日はどこにいたんですか。
つばさ	一日中家にいました。
オクサーナ	どうしてですか。昨日はいい天気だったでしょう。
つばさ	今朝、試験があったからです。
オクサーナ	分かりました、勉強していたのですね。
つばさ	それも初めだけです。それから疲れて、本を読み始めました。読書が大好きなんです。
オクサーナ	本は面白かったですか。
つばさ	とても面白かったです。それで何もかも忘れちゃったんです。
オクサーナ	じゃあ試験は？
つばさ	聞かないでください……

練習問題 6

1. ロシア語を参考にして、次のウクライナ語を日本語に訳しましょう。

❶ **Я́ відпочива́в.**

Я отдыхал.

❷ **Я́ відпочива́ла.**

Я отдыхала.

❸ **Окса́на чита́ла журна́л.**

Оксана читала журнал.

❹ **Тара́с диви́вся фі́льм.**

Тарас смотрел фильм.

❺ **Чи ви́ пали́ли?**

Вы курили?

2. 読んでみましょう。　　　　　　　　　　　　🔊41

❶ Тара́с : **Щó ви́ роби́ли в Япо́нії?**

Юкі　 : **Я́ працюва́ла.**

Тара́с : **Дé ви́ працюва́ли?**

Юкі　 : **На заво́ді.**

Тара́с : **А тепе́р?**

Юкі　 : **В Украї́ні я́ не працю́ю.**

Тара́с : **Чому́ ви́ не працю́єте?**

Юкі　 : **Тому́ що мі́й дру́гий чоловí́к бага́тий.**

Тара́с : **Дру́гий чоловí́к!?**

Юкі　 : **Тá́к, а ви́ не зна́ли?**

[**単語**] заво́д 工場　тепе́р 今では　чоловí́к 夫

❷ Тара́с : **Де́ ви бул́и вчо́ра?**

Юкі : **Я́ бул́а вдо́ма.**

Тара́с : **Що́ ви ро́били?**

Юкі : **Я́ ці́лий де́нь диви́лася телеві́зор.**

Тара́с : **Ви́ лю́бите диви́тися телеві́зор?**

Юкі : **Не ду́же.**

Тара́с : **Тоді́ чому́ ви́ диви́лися?**

Юкі : **Тому́ що я́ не хоті́ла писа́ти листа́, не хоті́ла чита́ти
журна́л та на́віть не хоті́ла слу́хати му́зику.**

[単語] на́віть 〜さえ

> | ロシア語とは
ここが違う | 「手紙を書く」という表現は、ロシア語では Я пишу письмо. のよう
に письмо は対格ですが、ウクライナ語では Я́ пишу́ листа́. のよう
に лист が生格（→第 14 課）になることがあります。 |
> | --- | --- |

───── 空を見上げたときの 7 つ ─────

со́нце 太陽　мі́сяць 月　зі́рка 星　не́бо 空

хма́ра 雲　до́щ 雨　сні́г 雪

《 解答 》 1. ❶ 私は休んでいました。（男性）❷ 私は休んでいました。（女性）❸ オクサー
ナは雑誌を読んでいました。❹ タラスは映画を見ていました。❺ あなたはタバコを吸いま
したか。2. →日本語訳は 115 ページ

今晩はお客が来ます

🔊43

具合の悪いつばさ君はお医者さんのところへ行きました。

Цубаса : **У ме́не боли́ть голова́.**

Лі́кар　: **У ва́с боли́ть ті́льки голова́?**

Цубаса : **Ще́ в ме́не боли́ть живі́т. І но́ги те́ж боля́ть.**

Лі́кар　: **Що́ ви́ роби́ли вчо́ра?**

Цубаса : **Учо́ра в ме́не бу́в де́нь наро́дження. Ми́ бага́то пили́ й ї́ли.**

　　　　　Ще́ співа́ли й танцюва́ли.

Лі́кар　: **Зрозумі́ло. Ви́ втоми́лися. До́бре відпочива́йте.**

Цубаса : **Це́ тя́жко. Тому́ що сього́дні вве́чері в ме́не бу́дуть го́сті./**

　　　　　я́ бу́ду ма́ти госте́й. Я́ бу́ду бага́то пи́ти й ї́сти.

Лі́кар　: **Ще́ ви́ бу́дете співа́ти й танцюва́ти.**

Цубаса : **Та́к. Що́ роби́ти?**

Лі́кар　: **Тоді́ прихо́дьте за́втра. У ме́не бу́де ча́с./Я́ бу́ду ма́ти ча́с.**

《 ロシア語訳 》

Цубаса : У меня болит голова.

Врач : У вас болит только голова?

Цубаса : Ещё у меня болит живот. И ноги тоже болят.

Врач : Что вы делали вчера?

Цубаса : Вчера у меня был день рождения.
Мы много пили и ели. Ещё пели и танцевали.

Врач : Понятно. Вы устали. Хорошо отдыхайте.

Цубаса : Это трудно. Потому что сегодня вечером у меня будут гости.
Я буду много пить и есть.

Врач : Ещё вы будете петь и танцевать.

Цубаса : Да. Что делать?

Врач : Тогда приходите завтра. У меня будет время.

《 慣用表現 》 🔊44

дéнь нарóдження	день рождения	誕生日
Щó робúти?	Что делать?	どうしたらいいのか。
Прихóдьте.	Приходите.	来てください。

тринáдцять	тринадцать	13
болíти	болеть	痛い
головá	голова	頭
лíкар	врач	医者（男女両方に使えます）
живíт	живот	お腹
ногá	нога	足
мú	мы	私たち
пúти	пить	飲む
íсти	есть	食べる
співáти	петь	歌う
танцювáти	танцевать	踊る
ввéчері	вечером	晩に
гíсть	гость	客（複数形は гóсті）
зáвтра	завтра	明日

1. 動詞の未来：「私はたくさん食べたり飲んだりします」

Я бу́ду бага́то пи́ти й ї́сти. ⇐ Я буду много пить и есть.

ウクライナ語の動詞の未来には、作り方が２つあります。

1）複合未来形：бу́ти の変化形＋不定形

я	бу́ду	працюва́ти	ми	бу́демо	працюва́ти
ти	бу́деш	працюва́ти	ви	бу́дете	працюва́ти
він	бу́де	працюва́ти	вони́	бу́дуть	працюва́ти

2）単一未来形：不定形 -му, -меш...

я	працюва́тиму	ми	працюва́тимемо
ти	працюва́тимеш	ви	працюва́тимете
він	працюва́тиме	вони́	працюва́тимуть

複合未来形と単一未来形は、どちらも同じように使えます。

За́втра я́ бу́ду працюва́ти вдо́ма. 明日、私は家で働きます。

За́втра я́ працюва́тиму вдо́ма. （同上）

「○○は△△です」というときの未来は、**бу́ду, бу́деш...** を使います。
бу́ти に -му, -меш... をつけることはできません。

За́втра я́ бу́ду вдо́ма. 明日、私は家にいます。

> **ロシア語とは
> ここが違う** ｜ ロシア語には不定形に一定の語尾をつける単一未来形がありません。

2. 所有の表現の未来：「時間があります」

У ме́не бу́де ча́с. ⇐ У меня будет время.

所有の表現（→第8課）は現在で **У ме́не є…** といった構文が使われていましたが、これが未来のとき、**є** は所有している持ち物によって、単数なら **бу́де**，複数なら **бу́дуть** になります。

3.　病気の表現：「私は頭が痛い」

У ме́не боли́ть голова́. ⇐ У меня болит голова.

　病気の表現では動詞 **боли́ти** を使いますが、その構文は所有の表現によく似ています。現在のとき、動詞は痛いところに合わせて単数または複数になります。

　　　У ме́не боли́ть живі́т.　　私はお腹が痛い。（単数）
　　　У ме́не боля́ть но́ги.　　私は足が痛い。（複数）
　過去のときは、単数男性、女性、中性さらに複数で動詞が変わります。
　　　У ме́не болі́в живі́т.　　私はお腹が痛かった。（単数男性）
　　　У ме́не болі́ли но́ги.　　私は足が痛かった。（複数）

《 日本語訳 》

> つばさ：頭が痛いんです。
> 医者　：痛いのは頭だけですか。
> つばさ：あとお腹が痛いです。それから足も痛い。
> 医者　：昨日は何をしていましたか。
> つばさ：昨日は私の誕生日でした。それでたくさん飲んだり食べたりしました。それから歌ったり踊ったりもしました。
> 医者　：分かりました。疲れたんですね。よく休んでください。
> つばさ：それは困りました。
> 　　　　というのも、今晩はお客が来ることになっているんです。たくさん飲んだり食べたりすることになります。
> 医者　：さらに歌ったり踊ったりするんですね。
> つばさ：そうなんです。どうしたらいいでしょうか。
> 医者　：だったら明日来てください。私なら時間がありますから。

カサがありません

🔊45

つばさ君は辞書がほしくなりました。

Цубаса : **Я́ хо́чу купи́ти словни́к.**

Окса́на : **У ва́с уже́ є до́брий словни́к./Ви́ вже́ ма́єте до́брий словни́к.**

Цубаса : **Я́ хо́чу нови́й. Ви́ зна́єте, де́ знахо́диться вели́ка книга́рня?**

Окса́на : **Та́к, зна́ю. О́сь пла́н мі́ста. Ту́т Ді́м кни́ги.**

Цубаса : **Я́к потра́пити туди́?**

Окса́на : **Авто́бусом.**

Цубаса : **А пі́шки?**

Окса́на : **Тро́хи дале́ко.**

Цубаса : **Нічо́го. Кра́ще я́ пі́шки.**

Окса́на : **Будь ла́ска. Але́ за́втра бу́де до́щ.**

Цубаса : **І що́ роби́ти? У ме́не нема́є парасо́льки./Я́ не ма́ю парасо́льки.**

Окса́на : **Цубаса, кра́ще купи́ти парасо́льку, ні́ж словни́к.**

Цубаса : Я хочу купить словарь.

Оксана : У вас уже есть хороший словарь.

Цубаса : Я хочу новый. Вы знаете, где находится большой книжный
магазин?

Оксана : Да, знаю. Вот план города. Здесь Дом книги.

Цубаса : Как попасть туда?

Оксана : На автобусе.

Цубаса : А пешком?

Оксана : Немного далеко.

Цубаса : Ничего. Лучше я пешком.

Оксана : Пожалуйста. Но завтра будет дождь.

Цубаса : И что делать? У меня нет зонтика.

Оксана : Цубаса, лучше купить зонтик, чем словарь.

《 慣用表現 》 🔊46

Ді́м кни́ги	Дом книги	「本の家」（書店）
Як потра́пити?	Как попасть?	どうやって行くのですか。

чотирна́дцять	четырнадцать	14
словни́к	словарь	辞書
книга́рня	книжный магазин	書店
пла́н	план	地図
мі́сто	город	町
ді́м	дом	家
авто́бус	автобус	バス
пі́шки	пешком	歩いて
дале́ко	далеко	遠い
кра́ще	лучше	よりよい
до́щ	дождь	雨
нема́є	нет	ない
парасо́лька	зонтик	カサ
ні́ж	чем	～よりも

1. **名詞の生格**：「ここに市内地図があります」

Óсь плáн мíста. ⇐ Вот план города.

ウクライナ語の生格の作り方はかなり複雑です。

① 子音で終わる語は最後に **a** または **y** をつけます。

Тарáс （主格）「タラス」 → **Тарáса** （生格）「タラスの」

телефóн （主格）「電話」 → **телефóну** （生格）「電話の」

◆ 生格の語尾は人を表す語が **a**、物を表す語が **y** というのが原則ですが、例外もたくさんあります。

автóбус（主格）「バス」→ **автóбуса**（生格）「バスの」

лíкар（主格）「医者」→ **лíкаря**（生格）「医者の」（→第17課）

② **o** で終わる語は、**o** を取り去ってから **a** をつけます。

мíсто （主格）「町」 → **мíста** （生格）「町の」

③ **a** で終わる語は、**a** を取り去ってから **и** をつけます。

Оксáна（主格）「オクサーナ」 → **Оксáни**（生格）「オクサーナの」

2. **生格の用法**：「私はカサを持っていない」

У мéне немáє парасóльки./Я не мáю парасóльки.
⇐ У меня нет зонтика.

ロシア語と同様に、生格の用法には所有や否定があります。**У мéне є…** の構文の否定では、現在では **є** が **немáє** に、過去では **не булó**、未来では **не бýде** にそれぞれなります。存在の否定でも同じです。

Оксáни немáє вдóма. オクサーナは家にいません。

Оксáни не булó вдóма. オクサーナは家にいませんでした。

Оксáни не бýде вдóма. オクサーナは家にいないでしょう。

ウクライナ語では目的語の否定でも生格が使われることがあります。

Я́ не ма́ю парасо́льки.　私はカサを持っていない。

◆ 目的語の否定生格はロシア語にもあるのですが、現在では一部の表現を覗いて、対格を使うことのほうが多いです。

ロシア語とは ここが違う	交通手段の表現ではロシア語も造格を使うことがあるのですが、現在では на ＋前置格を使うのが一般的になりました。ウクライナ語は автóбусом のように造格を使うほうが優勢ですが、на метрó「地下鉄で」на таксí「タクシーで」のように不変化の名詞の場合には на ＋前置格を用います。

《 日本語訳 》

つばさ	：辞書が買いたいんです。
オクサーナ	：いい辞書をすでに持っているじゃないですか。
つばさ	：新しいのがほしいんですよ。大きな書店がどこだかご存知ですか。
オクサーナ	：ええ、知っています。ここに市内地図がありますね。ここにあるのが「本の家」です。
つばさ	：そこへはどうやって行くのですか。
オクサーナ	：バスで。
つばさ	：徒歩ではどうですか。
オクサーナ	：ちょっと遠いですよ。
つばさ	：構いません。だったら歩いて行きます。
オクサーナ	：どうぞ。でも明日は雨です。
つばさ	：じゃあどうしよう？　カサを持っていない。
オクサーナ	：つばささん、辞書よりカサを買ったほうがいいですよ。

練習問題 7

1. ロシア語を参考にして、次のウクライナ語を日本語に訳しましょう。

❶ **За́втра я́ бу́ду працюва́ти.**

Завтра я буду заниматься.

❷ **За́втра ви́ бу́дете вдо́ма?**

Завтра вы будете дома?

❸ **За́втра бу́де га́рна пого́да.**

Завтра будет хорошая погода.

❹ **За́втра у ва́с бу́де ча́с?**

Завтра у вас будет время?

❺ **За́втра я не бу́ду працюва́ти.**

Завтра я не буду работать.

2. 読んでみましょう。　🔊47

❶ Юкі　： **Я́ не ма́ю парасо́льки.**

Тара́с : **Чому́?**

Юкі　： **Я́ сама́ не зна́ю.**

Тара́с : **Де́ ви́ були́ вчо́ра?**

Юкі　： **Вчо́ра? Не пам'ята́ю, де́ я́ була́ вчо́ра.**

Тара́с : **Чи ви́ забу́ли? Вчо́ра ви́ хотіли відпра́вити посилку.**

Юкі　： **Та́к, я́ була́ на по́шті!**

Тара́с : **Напе́вно, ва́ша парасо́лька та́м.**

[単語] напе́вно　おそらく

❷ Юкі : **Тара́се, чи ви́ бу́дете ма́ти ча́с?** ◀))48

Тара́с : **Коли́?**

Юкі : **За́втра вве́чері.**

Тара́с : **Та́к, напе́вно. А що́?**

Юкі : **Я́ ма́ю квито́к у кіно́ на за́втра.**

Тара́с : **Яки́й бу́де фі́льм?**

Юкі : **Нови́й япо́нський.**

Тара́с : **Дя́кую, я́ хо́чу. А ви́?**

Юкі : **Я́ за́втра вве́чері ма́тиму госте́й.**

Тара́с : **Зрозумі́ло. Зна́чить, ви́ не бу́дете.**

[単語] квито́к 切符　коли́ いつ　кіно́ 映画　на＋対 ～のための

―――　体のあちこちが痛い７つ　―――

голова́ 頭　живі́т お腹　зу́б 歯　го́рло 喉

спи́на 背中（アクセントの位置に注意）　рука́ 手　нога́ 足

―――――――――――――――――――――――――――

《 解答 》　1.❶ 明日私は勉強します。❷ 明日あなたは家にいますか。❸ 明日はいい天気で
しょう。❹ 明日あなたは時間がありますか。❺ 明日は働きません。2. →日本語訳は 116 ページ

15 夫にプレゼントを買いたいのです

🔊49

マリーヤさんは夫に贈る誕生日プレゼントに悩んでいます。

Марі́я : **Я́ хо́чу купи́ти чолові́кові подару́нок. Післяза́втра в ньо́го бу́де де́нь наро́дження.**

Цубаса : **Щó ви́ хо́чете йому́ подарува́ти?**

Марі́я : **Мину́лого ро́ку я́ подарува́ла Іґореві крава́тку, алé ві́н ніко́ли не носи́в її́.**

Цубаса : **Яку́ крава́тку ви́ подарува́ли?**

Марі́я : **Черво́но-зеле́ну.**

Цубаса : **...А цього́ ро́ку?**

Марі́я : **Учо́ра я́ зателефонува́ла Окса́ні. Алé вона́ те́ж не зна́є.**

Цубаса : **А, напри́клад, гамане́ць?**

Марі́я : **Чудо́во. А де́ мо́жна купи́ти черво́но-зеле́ний гамане́ць?**

Мария : Я хочу купить мужу подарок. Послезавтра у него будет день рождения.

Цубаса : Что вы хотите ему подарить?

Мария : В прошлом году я подарила Игорю галстук, но он никогда не носил его.

Цубаса : Какой галстук вы подарили?

Мария : Красно-зелёный.

Цубаса : ...А в этом году?

Мария : Вчера я позвонила Оксане. Но она тоже не знает.

Цубаса : А, например, кошелёк?

Мария : Прекрасно. А где можно купить красно-зелёный кошелёк?

《 慣用表現 》 🔊50

мину́лого ро́ку	в прошлом году	去年
цього́ ро́ку	в этом году	今年

п'ятна́дцять	пятнадцать	15
подару́нок	подарок	プレゼント
післяза́втра	послезавтра	明後日
йому́	ему	彼に
подарува́ти	подарить	贈る
крава́тка	галстук	ネクタイ
ніко́ли	никогда	決して
носи́ти	носить	身に付ける
її	её	それを
черво́но-зеле́ний	красно-зелёный	赤と緑の
зателефонува́ти	позвонить	電話する
напри́клад	например	たとえば
гамане́ць	кошелёк	財布
чудо́во	прекрасно	素晴らしい
мо́жна	можно	～できる

◆ ウクライナ語とロシア語で代名詞の文法性が違っています。「ネクタイ」がウクライナ語は крава́тка と女性名詞なので її になっていますが、ロシア語では галстук が男性名詞なので его になっています。また его は目的語の対格ですが、її は否定の生格です。

1. 名詞の与格：「私は夫にプレゼントを買いたい」

Я хо́чу купи́ти чолові́кові подару́нок.

⇐ Я хочу купить мужу подарок.

ウクライナ語の与格の作り方は以下のとおりです。

① 子音で終わる語は最後に **ові** または **у** をつけます。

Тара́с（主格）「タラス」　→　Тара́сові（与格）「タラスに」

телефо́н（主格）「電話」　→　телефо́ну（与格）「電話に」

◆ 与格の語尾は人を表す語が **ові**、物を表す語が **у** というのが原則ですが、例外もたくさんあり、また両方の形を持っている語もあります。

② **о** で終わる語は、**о** を取り去ってから **у** をつけます。

мі́сто（主格）「町」　　　→　мі́сту（与格）「町に」

③ **а** で終わる語は、**а** を取り去ってから **і** をつけます。

Окса́на（主格）「オクサーナ」→　Окса́ні（与格）「オクサーナに」

2. 代名詞の格変化：「あなたは彼に何を贈りたいのですか」

Що́ ви́ хо́чете йому́ подарува́ти?

⇐ Что вы хотите ему подарить?

ここでは代名詞の与格と生格・対格を紹介します。

主格	я́	ти	ві́н	вона́	ми	ви	вони́
与格	мені́	тобі́	йому́	їй	на́м	ва́м	ї́м
生格・対格	мене́	тебе́	його́	її́	на́с	ва́с	ї́х

◆生格形と対格形はいつも同じ形です。

Да́йте мені́ я́блуко. 私に（与格）リンゴをください。

Ви́ розумі́єте мене́? 私（のいうこと）を（対格）理解できますか。

<table>
<tr><td rowspan="3">ロシア語とは
ここが違う</td><td colspan="3">年号の表現はロシア語では в ＋前置格を用いますが、ウクライナ語では前置詞なしの生格で表します。</td></tr>
<tr><td>мину́лого ро́ку</td><td>去年</td><td>в прошлом году</td></tr>
<tr><td>цього́ ро́ку</td><td>今年</td><td>в этом году</td></tr>
</table>

《 日本語訳 》

マリーヤ：天にプレゼントを買いたいのです。明後日は彼の誕生日です。

つばさ　：何を贈りたいのですか。

マリーヤ：去年イーホルにネクタイを贈ったのですが、一度もしてくれませんでした。

つばさ　：どんなネクタイを贈ったのですか。

マリーヤ：赤と緑のネクタイ。

つばさ　：……それで今年は？

マリーヤ：昨日オクサーナに電話したのですが、彼女も分かりません。

つばさ　：では、たとえば、お財布は？

マリーヤ：すばらしいわ。では、赤と緑のお財布はどこで売っているのかしら。

16

紅茶はふつうミルクを入れて飲みます

УРОК ШІСТНАДЦЯТЬ

51

マリーヤさんはつばさ君に一休みして紅茶を飲むことを勧めました。

Цубаса : **У ме́не боли́ть рука́.**

Марі́я　: **Щó з ва́ми?**

Цубаса : **Сього́дні мíй комп'ю́тер чому́сь не працюва́в, і я цíлий**
де́нь писа́в рома́н ру́чкою.

Марі́я　: **Ва́м тре́ба відпочива́ти. Ви́ не хо́чете ча́й?**

Цубаса : **Та́к, дя́кую. Якщó мо́жна, з молоко́м.**

Марі́я　: **Мо́жна. Щé з цу́кром?**

Цубаса : **Нí, дя́кую. Я звича́йно п'ю́ ча́й з молоко́м, але́ без цу́кру.**

Марі́я　: **Я́к хо́чете. А я звича́йно п'ю́ з лимо́ном.**

Цубаса : **Ціка́во. Напри́клад, які́ пирíжки ви лю́бите? Я́ люблю́**
пирíжки́ з капу́стою.

Марі́я　: **А я́ люблю́ з ри́сом.**

Цубаса : **З ри́сом! Цього́ не мо́же бу́ти.**

《 ロシア語訳 》

Цубаса : У меня болит рука.

Мария : Что с вами?

Цубаса : Сегодня мой компьютер почему-то не работал, и я целый
день писал роман ручкой.

Мария : Вам нужно отдыхать. Вы не хотите чай?

Цубаса : Да, спасибо. Если можно, с молоком.

Мария : Можно. Ещё с сахаром?

Цубаса : Нет, спасибо. Я обычно пью чай с молоком, но без сахара.

Мария : Как хотите. А я обычно пью с лимоном.

Цубаса : Интересно. Например, какие пирожки вы любите?
Я люблю пирожки с капустой.

Мария : А я люблю с рисом.

Цубаса : С рисом! Это не может быть.

《 慣用表現 》 🔊52

Що́ з ва́ми?	Что с вами?	どうしたのですか。
Як хо́чете.	Как хотите.	お好きなように。
не мо́же бу́ти	не может быть	あり得ない

шістна́дцять	шестнадцать	16
рука́	рука	手
чому́сь	почему-то	なぜか
ру́чка	ручка	ペン
тре́ба	нужно	〜しなければならない
ча́й	чай	紅茶
якщо́	если	もし
з	с	〜いっしょに
молоко́	молоко	ミルク
цу́кор	сахар	砂糖（生格形は цу́кру、造格形は цу́кром）
звича́йно	обычно	ふつう
без	без	〜なしで
лимо́н	лимон	レモン
пирі́жки́	пирожки	ピロシキ（複）
капу́ста	капуста	キャベツ
ри́с	рис	米

1. 名詞の造格：「私は一日中ペンで小説を書いていました」

Я ці́лий де́нь писа́в рома́н ру́чкою.

⇐ Я целый день писал роман ручкой.

ウクライナ語の造格の作り方は以下のとおりです。

① 子音で終わる語は最後に **ом** をつけます。

Тара́с（主格）「タラス」 → **Тара́сом**（造格）「タラスで」

② **о** で終わる語は、**о** を取り去ってから **ом** をつけます。

мі́сто（主格）「町」 → **мі́стом**（造格）「町で」

③ **а** で終わる語は、**а** を取り去ってから **ою** をつけます。

Окса́на（主格）「オクサーナ」 → **Окса́ною**（造格）「オクサーナで」

2. 造格の用法：「私は一日中ペンで小説を書いていました」

Я ці́лий де́нь писа́в рома́н ру́чкою.

⇐ Я целый день писал роман ручкой.

造格の用法の基本は「～で」という手段です。

Я пишу́ листа́ ру́чкою.　　私は手紙をペンで書きます。

Я ї́м су́п ло́жкою.　　　　私はスープをスプーンで食べます。

◆ **ї́м** < **ї́сти** 食べる　　**су́п** スープ　　**ло́жка** スプーン

Я ї́ду маши́ною.　　　　　私は車で行きます。

◆ **ї́ду** < **ї́хати**（乗物で）行く

ロシア語とは ここが違う	不定代名詞はロシア語の場合 почему-то のように疑問詞に -то をつけますが、ウクライナ語では чому́сь のようにハイフンなしで疑問詞に сь を加えます。 **хто́сь** 誰か、**що́сь** 何か、**де́сь** どこか　**коли́сь** いつか

3. 代名詞の格変化：「あなたはどうしたのですか」

Щó з ва́ми? ⇐ Что с вами?

代名詞の造格は以下のとおりです。

主格	я	ти	він	вона́	ми	ви	вони́
造格	мно́ю	тобо́ю	ним	не́ю	на́ми	ва́ми	ни́ми

Ході́мо зі мно́ю.　私といっしょに行きましょう。

（з が зі になることに注意）

**ロシア語とは
ここが違う**

「そんなのあり得ない」という表現は、ロシア語では Это не может быть. であるのに対し、ウクライナ語では Цього́ не мо́же бу́ти. のように、否定のため цього́ と生格になっています。ただし Этого не может быть. というロシア語も可能です。

《 日本語訳 》

つばさ　：手が痛いんです。

マリーヤ：どうしたのですか。

つばさ　：今日はぼくのコンピュータがなぜか動かなくて、一日中ペンで小説を書いていましたので。

マリーヤ：休まなければダメですよ。紅茶はいかがですか。

つばさ　：ええ、ありがとうございます。できれば、ミルク入りで。

マリーヤ：大丈夫ですよ。あと、お砂糖もですか。

つばさ　：いいえ、結構です。紅茶はふつうミルクを入れますが、砂糖は入れません。

マリーヤ：お好きなように。私はふつうレモンを入れて飲むの。

つばさ　：面白いですよね。たとえば、ピロシキはどういうのが好きですか。私だったらキャベツ入りが好きなんですが。

マリーヤ：私はお米入りが好きです。

つばさ　：お米入りですって！　あり得ない。

練習問題 8

1. ロシア語を参考にして、次のウクライナ語を日本語に訳しましょう。

❶ Я пишу́ їй листа́.

Я пишу ей письмо.

❷ Ва́м тре́ба купи́ти квито́к.

Вам нужно купить билет.

❸ Да́йте мені́ но́мер телефо́ну.

Дайте мне номер телефона.

❹ Чи ви́ зна́єте його́?

Вы знаете его?

❺ Ході́мо з на́ми.

Пойдём с нами.

2. 読んでみましょう。　🔊53

❶ Юкі 　：**За́втра бу́де Різдво́. Мені́ тре́ба купи́ти чолові́кові подару́нок.**

Тара́с：**Напри́клад, що́ ви подарува́ли йому́ мину́лого ро́ку?**

Юкі 　：**Мину́лого ро́ку я купи́ла йому́ ру́чку.**

Тара́с：**А що́ він подарува́в ва́м?**

Юкі 　：**Маши́ну.**

Тара́с：**Що́!? Ві́н купи́в ва́м нову́ маши́ну?**

Юкі 　：**Та́к. Це́ моя́ дру́га маши́на.**

Тара́с：**Ва́ш дру́гий чолові́к ді́йсно бага́тий.**

[単語] Різдво́ クリスマス

❷ Тара́с : **Що́ ви́ бу́дете, ча́й чи ка́ву?** 🔊54

Юкі　 : **Ка́ву, будь ла́ска.**

Тара́с : **З цу́кром?**

Юкі　 : **Ні́, без цу́кру.**

Тара́с : **З молоко́м?**

Юкі　 : **Без молока́. І без лимо́на.**

Тара́с : **Зна́чить, чо́рну ка́ву.**

Юкі　 : **Та́к. А ви́?**

Тара́с : **Я́ не люблю́ ка́ви.**

[単語] ка́ва コーヒー　　чо́рний 黒い

ロシア語とは
ここが違う

ウクライナ語の単語には、同じ意味でもロシア語と違う形と同じ形の両方を持つものがあります。ロシア語に似た形は、旧ソ連時代にはよく使われましたが、今ではあまり出てこないようです。

カサ	парасо́лька/зо́нтик	зонтик
コーヒー	ка́ва/ко́фе	кофе
ネクタイ	крава́тка/га́лстук	галстук

―― のどが渇いたときの7つ ――

вода́ 水　　ча́й お茶　　ка́ва コーヒー　　сі́к ジュース

пи́во ビール　　вино́ ワイン　　горі́лка ウォッカ

《解答》 1. ❶ 私は彼女に手紙を書いています。❷ あなたは切符を買わなければなりません。❸ 電話番号を私に教えてください。❹ 彼を知っていますか。❺ 私たちといっしょに行きましょう。2. →日本語訳は 116 ページ

日本料理店でイーホルを見かけました

55

出張中のはずのイーホルさんが日本人女性と…

Окса́на : **Учо́ра я́ ба́чила І́горя в япо́нському рестора́ні.**

Цубаса : **Та́к? Я́ чу́в, що ві́н тепе́р у відря́дженні в Ки́єві.**

Окса́на : **Ві́н та́м вече́ряв ра́зом з япо́нською жі́нкою. Її зва́ти Юкі.**

Цубаса : **Чому́ ви́ та́к до́бре зна́єте?**

Окса́на : **Тому́ що на́ше мі́сто мале́ньке. Ну я́к? Ціка́во?**

Цубаса : **Та́к, ціка́во. Що́ вони́ ї́ли в цьо́му рестора́ні?**

Окса́на : **Що́ ви́ пита́єте? Це́ не важли́во.**

Цубаса : **Тоді́ яко́ю мо́вою вони́ розмовля́ли?**

Окса́на : **Цубаса, про що́ ви́ ду́маєте? Я́ не розумі́ю ва́с.**

《 ロシア語訳 》

Оксана : Вчера я видела Игоря в японском ресторане.

Цубаса : Да? Я слышал, что он теперь в командировке в Киеве.

Оксана : Он там ужинал вместе с японской женщиной. Её зовут Юки.

Цубаса : Почему вы так хорошо знаете?

Оксана : Потому что наш город маленький. Ну как? Интересно?

Цубаса : Да, интересно. Что они ели в этом ресторане?

Оксана : Что вы спрашиваете? Это не важно.

Цубаса : Тогда на каком языке они разговаривали?

Оксана : Цубаса, о чём вы думаете? Я не понимаю вас.

《 慣用表現 》 🔊56

у відря́дженні	в командировке	出張中で
Її зва́ти ...	Её зовут ...	彼女の名前は ... です。
Ну я́к?	Ну как?	どう？
яко́ю мо́вою	на каком языке	何語で
про що́	о чём	何について

сімна́дцять	семнадцать	17
ба́чити	видеть	見かける、会う
чу́ти	слышать	聞く、聞こえる
що	что	〜ということを
Ки́їв	Киев	キエフ（前置格形はКи́єві、生格形［第18課］はКи́єва）
вече́ряти	ужинать	夕食をとる
ра́зом	вместе	いっしょに
та́к	так	そのように
на́ш	наш	私たちの
вони́	они	彼ら
важли́во	важно	大切だ
розмовля́ти	разговаривать	会話する
ду́мати	думать	考える

1. 名詞の対格（２）：「昨日イーホルを見かけました」

Учо́ра я́ ба́чила Íгоря. ⇐ Вчера я видела Игоря.

第9課では子音で終わる男性名詞は主格と対格が同じ形だと説明しましたが、それは物の場合だけで、**Тара́с**「タラス」や**чоловíк**「夫」など人を表す語は対格で変化します。

Тара́с（主格）「タラス」 → **Тара́са**（対格）「タラスを」

чоловíк（主格）「夫」 → **чоловíка**（対格）「夫を」

Вона́ ду́має про Тара́са. 彼女はタラスのことを考えています。

**ロシア語とは
ここが違う** | 「〜について考える」という表現は、ロシア語では думать о + 前置格ですが、ウクライナ語では ду́мати про + 対格です。

例文にもあるように、Íгор の対格は Íгоря となっています。**p** で終わる男性名詞には２種類の変化があります。

	大臣	医者
主格	мінíстр	лíкар
生格	мінíстра	лíкаря
与格	мінíстрові	лíкареві
対格	мінíстра	лíкаря
造格	мінíстром	лíкарем
前置格	мінíстрі	лíкарі
呼格	мінíстре	лíкарю

◆ Íгор は лíкар と同じ変化です。

2. 形容詞の格変化：「彼は日本人の女性と夕食をとっていました」

Він вече́ряв з япо́нською жі́нкою.

⇐ Он ужинал с японской женщиной.

	男性	中性	女性
主格	япо́нський	япо́нське	япо́нська
生格	япо́нського		япо́нської
与格	япо́нському		япо́нській
対格	япо́нський/-ого	япо́нське	япо́нську
造格	япо́нським		япо́нською
前置格	япо́нському		япо́нській

◆呼格は主格と常に同じ形です。

> **ロシア語とはここが違う**
>
> Її зва́ти Юкі.「彼女の名前はゆきです」という表現では、動詞 зва́ти は不定形です。ロシア語の Её зовут Юки. のように、動詞を単数3人称現在形にして Її зву́ть Юкі. とすることもあります。

《 日本語訳 》

オクサーナ：昨日イーホルさんを日本料理店で見かけました。

つばさ　：そうですか。今はキエフに出張中と聞いていますが。

オクサーナ：そこで日本人の女性といっしょに食事をしていましたよ。名前はゆきです。

つばさ　：どうしてそんなによく知っているんですか。

オクサーナ：なぜって私たちの町は狭いんだから。どう？　面白いじゃない？

つばさ　：ええ、面白いですね。彼らはそのレストランで何を食べていたんですか。

オクサーナ：何を質問しているんですか。そんなこと大切じゃないでしょ。

つばさ　：それでは彼らは何語で話をしていたんですか。

オクサーナ：つばささん、何を考えているのですか。あなたが分からないわ。

18

それがイーホルでないと
どうして分かるのですか

🔊57

つばさ君はイーホルさんの疑惑の真相をマリーヤさんに直接確かめました。

Цубаса : **Окса́но, учо́ра ви́ сказа́ли, що позавчо́ра ви́ ба́чили Ігоря в япо́нському рестора́ні.**

Окса́на : **Та́к, я́ сказа́ла. А що́?**

Цубаса : **Я́ спита́в Марі́ю про це́.**

Окса́на : **Що́? Ви́ спита́ли дружи́ну Ігоря?**

Цубаса : **Та́к. А вона́ відповіла́, що це́ не Ігор.**

Окса́на : **Зві́дки вона́ дізна́лася, що це́ не Ігор?**

Цубаса : **Учо́ра вона́ зателефонува́ла йому́ до Ки́єва і вони́ розмовля́ли.**

Окса́на : **Зрозумі́ло. Але́ ди́вно. Чолові́к в япо́нському рестора́ні був ду́же схо́жий на Ігоря.**

Цубаса : **До ре́чі, ви́ зна́ли, що Ігор та його́ бра́т — близнюки́?**

《 ロシア語訳 》

Цубаса : Оксана, вчера вы сказали, что позавчера вы видели
　　　　　Игоря в японском ресторане.

Оксана : Да, я сказала. А что?

Цубаса : Я спросил Марию об этом.

Оксана : Что? Вы спросили жену Игоря?

Цубаса : Да. А она ответила, что это не Игорь.

Оксана : Откуда она узнала, что это не Игорь?

Цубаса : Вчера она позвонила ему в Киев и они разговаривали.

Оксана : Понятно. Но странно. Мужчина в японском ресторане
　　　　　был очень похож на Игоря.

Цубаса : Кстати, вы знали, что Игорь и его брат — близнецы?

《 慣用表現 》　　　　　　　　　　　　　　　　　　🔊58

до ре́чі	кстати	ところで

вісімна́дцять	восемнадцать	18
сказа́ти	сказать	言う
позавчо́ра	позавчера	一昨日
спита́ти	спросить	尋ねる
дружи́на	жена	妻
відпові́сти	ответить	答える
зві́дки	откуда	どこから
дізна́тися	узнать	知る
чолові́к	мужчина	男性
схо́жий	похож	〜に似ている
близнюки́	близнецы	双子

1．不完了体と完了体：「このことをマリーヤさんに尋ねてみました」

Я спитáв Марíю про цé. ⇐ Я спросил Марию об этом.

　　ウクライナ語の動詞にも不完了体と完了体の区別があります。上の例文にある спитáти は完了体動詞ですが、17課に出てきた Щó ви питáєте?「何を質問しているのですか」の питáти は不完了体動詞です。

　　この入門書ではいろいろな動詞が出てきました。ほとんどが不完了体動詞でしたが、以下のような完了体動詞もありました。

дáти	与える	Дáйте, будь лáска, вáш нóмер. （第8課）
відпрáвити	送る	Я хóчу відпрáвити посúлку. （第10課）
купúти	買う	Я хóчу купúти мáрки. （第10課）
почáти	始める	Я почáв читáти кнúжку. （第12課）
утомúтися	疲れる	Я втомúвся. （第12課）
забýти	忘れる	Я забýв про всé. （第12課）
подарувáти	贈る	Я подарувáла кравáтку. （第15課）
зателефонувáти	電話する	Я зателефонувáла Оксáні. （第15課）

　　さらにこの課で出てきた新しい動詞はすべて完了体です。この先では必要に応じて［不完］あるいは［完］で示します。

《 日本語訳 》

つばさ	：オクサーナさん、あなたは一昨日イーホルさんを日本料理店で見かけたと、昨日いいましたよね。
オクサーナ	：ええ、いったけど，それが何か？
つばさ	：私はこのことをマリーヤさんに尋ねてみたのです。
オクサーナ	：なんですって？　イーホルさんの奥さんに尋ねたんですか。
つばさ	：ええ。で彼女のいうには、それはイーホルさんじゃないそうです。
オクサーナ	：どうしてイーホルさんじゃないって分かるのかしら？
つばさ	：昨日彼女はキエフに電話して、話したんだそうです。
オクサーナ	：分かったわ。でも不思議ね。日本料理店にいた男性はイーホルさんによく似ていたんだけど。
つばさ	：ところで、イーホルさんとその弟さんが双子だということを、知っていましたか。

練習問題 9

1. ロシア語を参考にして、次のウクライナ語を日本語に訳しましょう。

❶ Чи ви́ зна́ли, що він гово́рить уго́рською мо́вою?

Вы знали, что он говорит по-венгерски?

❷ Коли́ ви́ дізна́лися, що він гово́рить уго́рською мо́вою?

Когда вы узнали, что он говорит по-венгерски?

❸ На уро́ці він зо́всім не пита́в.

На уроке он совсем не спрашивал.

❹ Учо́ра він упе́рше спита́в украї́нською мо́вою.

Вчера он впервые спросил по-украински.

❺ Га́нна ніко́ли не забува́ла парасо́льку.

Анна никогда не забывала зонтик.

❻ Учо́ра вона́ впе́рше забу́ла парасо́льку на по́шті.

Вчера она впервые забыла зонтик не почте.

❼ Вона́ звича́йно купу́є пиріжки́ з ри́сом.

Она обычно покупает пирожки с рисом.

❽ Сього́дні вона́ купи́ла пиріжки́ з капу́стою.

Сегодня она купила пирожки с капустой.

[単語] забува́ти［不完］忘れる　　купува́ти［不完］買う

2. 読んでみましょう。　　　　　　　　　　　　　　　　🔊59

❶ Тара́с : **Що́ ви́ ро́бите, Юкі?**

　Юкі　: **Я́ розв'я́зую кросво́рд.**

　Тара́с : **Ну я́к, тя́жко?**

　Юкі　: **Ду́же. Вчо́ра я́ розв'я́зувала його́ ці́лий де́нь.**

　Тара́с : **Ці́лий де́нь!? Та ви́ не розв'яза́ли.**

　Юкі　: **Я́ бі́льше не хо́чу.**

[単語] розв'я́зувати/розв'яза́ти 解く　　кросво́рд クロスワードパズル
бі́льше もっと、これ以上

❷ Тара́с : **Юкі, ви́ вже́ повече́ряли?**   🔊 60

　　Юкі　 : **Ні́ ще́.**

　　Тара́с : **Тоді́ ході́мо ра́зом до ресторáну.**

　　Юкі　 : **Дóбре. А в якóму ресторáні ми бýдемо вечéряти?**

　　Тара́с : **В япóнському ресторáні.**

　　Юкі　 : **В япóнському? Ні́, дя́кую.**

　　Тара́с : **Чомý? Ви́ не лю́бите?**

　　Юкі　 : **Ні, ні. Щóйно вчóра я́ булá в япóнському ресторáні.**

　　Тара́с : **Алé це́ нічóго.**

　　Юкі　 : **Не ті́льки вчóра, алé і позавчóра.**

　　Тара́с : **Зрозумíло. Цé нáдто багáто.**

[単語] повече́ряти 夕食をとる　　щóйно ちょうど…したばかり
　　　не ті́льки..., алé і ～ …だけでなく、～も

～ お腹が空いたときの7つ ～

хлíб　パン　　м'я́со　肉　　ри́ба　魚　　óвочі　野菜
фрýкти　果物　　сýп　スープ　　десéрт　デザート

《 解答 》　1. ❶ あなたは彼がハンガリー語を話すことを知っていましたか。❷ あなたは彼がハンガリー語を話すことをいつ知りましたか。❸ 授業中に彼はまったく質問しませんでした。❹ 昨日彼は初めてウクライナ語で質問しました。❺ ハンナは決してカサを忘れませんでした。❻ 昨日彼女は初めてカサを郵便局に忘れてしまいました。❼ 彼女はふつうお米の入ったピロシキを買います。❽ 今日彼女はキャベツの入ったピロシキを買いました。2. →日本語訳は 116 ページ

19 捨てるのなら手伝います

🔊 61

つばさ君の部屋はモノが多過ぎるようです。

Окса́на : **Ту́т рі́зні журна́ли та книжки́.**

Цубаса : **Та́к, я́ ча́сто купу́ю. Я́ люблю́ чита́ти.**

Окса́на : **Але́ на́дто бага́то. У кімна́ті безла́ддя.**

Цубаса : **Та́к, ді́йсно. Тре́ба прибира́ти в кімна́ті.**

Окса́на : **Споча́тку тре́ба ви́кинути старі́ журна́ли.**

Цубаса : **Що́ ви́ гово́рите! Ні́, не мо́жна.**

Окса́на : **... А це́ ду́же стари́й сті́л. Я́кщо ви́ його́ ви́кинете, я́ ва́м**
допоможу́.

Цубаса : **Це́ не мо́жна.**

Окса́на : **Зрозумі́ло. Коли́ ви́ кі́нчите прибира́ти в кімна́ті,**
зателефону́йте мені́.

《 ロシア語訳 》

Оксана : Здесь разные журналы и книги.

Цубаса : Да, я часто покупаю. Я люблю читать.

Оксана : Но слишком много. В комнате беспорядок.

Цубаса : Да, действительно. Нужно убирать комнату.

Оксана : Сначала нужно выбросить старые журналы.

Цубаса : Что вы говорите! Нет, нельзя!

Оксана : ... А это очень старый стол. Если вы его выбросите, я вам помогу.

Цубаса : И это нельзя.

Оксана : Понятно. Когда вы кончите убирать комнату, позвоните мне.

《 慣用表現 》　　　　　　　　　　　　　　　🔊 62

не мо́жна	нельзя	～してはいけない

дев'ятна́дцять	девятнадцать	19
рі́зний	разный	いろいろな
ча́сто	часто	よく、しばしば
безла́ддя	беспорядок	無秩序
прибира́ти	убирать	掃除する
ви́кинути	выбросить	捨てる
стіл	стол	机
допомогти́	помочь	手伝う
кі́нчити	кончить	終える

1. 完了体動詞の未来：「部屋の掃除が終わったら電話してください」

Коли́ ви́ кі́нчите прибира́ти в кімна́ті, зателефону́йте мені́.

⇐ Когда вы кончите убирать комнату, позвоните мне.

完了体動詞の未来は **бу́ду, бу́деш…** と結びつけたり、不定形に **-му, -меш…** をつけたりして作ることができません。これまでに学習した現在形の変化をすれば、未来の意味になります。

> **За́раз я́ чита́ю це́й рома́н.**　いま私はこの小説を読んでいます。
> **За́втра я́ прочита́ю це́й рома́н.**
> 　明日私はこの小説を読みあげてしまいます。（完了体未来）
> **За́втра я́ бу́ду чита́ти це́й рома́н.**
> 　明日私はこの小説を読みます。（不完了体未来）
> **За́втра я́ чита́тиму це́й рома́н.**　（同上）

完了体の未来はある動作を終えて結果が出ることを意味しています。それに対して不完了体の未来は、ある動作に携わる予定であるというだけで、結果については特に注意を払っていません。

> **ロシア語とは
> ここが違う**｜「掃除する」はロシア語では убирать ＋対格ですが、ウクライナ語では прибира́ти в ＋前置格となります。

2. 許可・必要・禁止の表現：「いいえ、ダメです」

Ні́, не мо́жна. ⇐ Нет, нельзя.

мо́жна は本文のようにこれだけでも使えますが、この後に動詞を続けることもできます。その場合、動詞は不定形になります。また主体を表すときには、主格ではなくて与格になります。

мо́жна「～することができる」

　　Де́ мо́жна купи́ти гамане́ць?　どこで財布が買えますか。

тре́ба「～しなければならない」

　　Ва́м тре́ба відпочива́ти.　あなたは休まなければなりません。

ロシア語とは ここが違う	禁止の表現はロシア語では нельзя を用いますが、ウクライナ語では не мо́жна で表します。 **Не мо́жна пали́ти.** タバコを吸ってはいけません。Нельзя курить.

3.　動詞 **допомогти́**「助ける」の変化

я́	допоможу́	ми	допомо́жемо
ти	допомо́жеш	ви	допомо́жете
він	допомо́же	вони́	допомо́жуть

《 日本語訳 》

オクサーナ：ここにいろんな雑誌や本がありますね。

つばさ　：そうです、よく買うんです。読書が好きなので。

オクサーナ：それにしても多過ぎですよ。部屋の中が散らかっているわ。

つばさ　：ええ、本当にそうですね。部屋を掃除しなければなりません。

オクサーナ：はじめに古い雑誌を捨てなければなりませんね。

つばさ　：何をいっているんですか！？　いいえ、ダメです。

オクサーナ：……ところで、これはとても古い机ですね。捨てるんでしたら手伝い
　　　　　　　ますよ。

つばさ　：それもダメです。

オクサーナ：分かりました。部屋の掃除が終わったら、電話してください。

もし私が鳥だったら

🔊63

つばさ君の帰国が近づいています。

Окса́на : **Щó зна́чить 《Цубаса》?**

Цубаса : **Цé зна́чить япо́нською мо́вою 《кри́ла》.**

Окса́на : **Якé га́рне ім'я́!**

Цубаса : **Дя́кую. Мені́ подо́бається моє́ ім'я́. I я люблю́ літа́ти.**

Окса́на : **До рéчі, ви́ полетитé до Япо́нії літако́м?**

Цубаса : **Тáк. Алé я́ не хо́чу поверта́тися.**

Окса́на : **Щó ви́ бу́дете роби́ти, коли́ ви́ повéрнетеся?**

Цубаса : **Я́ бу́ду переклада́чéм.**

Окса́на : **Приїжджа́йте щé.**

Цубаса : **Якби́ я́ бу́в пта́хом, я́ б прилеті́в до ва́с.**

Окса́на : **Алé ви́ не пта́х. Ва́м трéба купи́ти квито́к на літа́к.**

《 ロシア語訳 》

Оксана : Что значит 《Цубаса》?

Цубаса : Это значит по-японски 《крылья》.

Оксана : Какое красивое имя!

Цубаса : Спасибо. Мне нравится моё имя. И я люблю летать.

Оксана : Кстати, вы полетите в Японию на самолёте?

Цубаса : Да. Но я не хочу возвращаться.

Оксана : Что вы будете делать, когда вы вернётесь?

Цубаса : Я буду переводчиком.

Оксана : Приезжайте ещё.

Цубаса : Если бы я был птицей, я бы прилетел к вам.

Оксана : Но вы не птица. Вам нужно купить билет на самолёт.

《 慣用表現 》　　　　　　　　　　　　　　　　　　🔊64

| **Приїжджа́йте.** | Приезжайте. | 来てください。（乗物で） |

два́дцять	двадцать	20
зна́чити	значить	意味する
крило́	крыло	羽、翼
ім'я́	имя	名前
подо́батися	нравиться	気に入る
літа́ти	летать	飛ぶ
полеті́ти	полететь	飛び立つ
поверта́тися	возвращаться	帰る
літа́к	самолёт	飛行機
поверну́тися	вернуться	帰る
переклада́ч	переводчик	通訳
прилеті́ти	прилететь	飛んで来る
якби́	если бы	もし

1. 仮定法：「もし私が鳥ならば、あなたのもとへ飛んで行くのに」

Якби́ я́ бу́в пта́хом, я́ б прилеті́в до ва́с.
⇐ Если бы я был птицей, я бы прилетел к вам.

「もし〜ならば」という現実とは違うことを仮定する表現を仮定法（または条件法）といいます。仮定法は動詞の過去と **б/би** で作ります。

Якби́ я́ ма́в ча́с, я́ б диви́вся телеві́зор.
もし時間があればテレビを見るのに。

（現実には時間がないからテレビを見られない）

> **ロシア語とは**
> **ここが違う** | ロシア語の仮定法では если が含まれる節にも бы が必要ですが、ウクライナ語では якби́ が含まれる節には **б/би** が入りません。

単なる条件には **якщо́** を使います。

Якщо́ я́ бу́ду ма́ти ча́с, я́ бу́ду диви́тися телеві́зор.
もし時間があればテレビを見ます。

仮定法にはこの他に「〜だったらなあ」という願望を表します。

Якби́ я́ зна́в про це́!　もしこのことを知っていたらなあ。

2. 述語の造格：「私は通訳になるつもりです」

Я́ бу́ду перекладаче́м.　⇐ Я буду переводчиком.

「○○は△△だった」「○○は△△（になる）でしょう」というときには **бу́ти** の後が造格になることがあります。**Якби́ я́ бу́в пта́хом**, も同じ理由で造格です。

Він був студе́нтом.　　　彼は大学生でした。

Вона́ бу́де вчи́телькою.　　彼女は先生になるでしょう。

また職業を示すときには、〈працюва́ти ＋造格〉で「～として働く」という表現ができます。

Я працю́ю лі́карем.　　私は医者として働いています。

3. 「気に入る」の表現：「私は自分の名前が気に入っています」

Мені́ подо́бається моє́ ім'я́. ⇐ Мне нра́вится моё имя.

動詞 подо́батися を使う文では、気に入る主体は与格で、その対象は主格で表します。

Чи ва́м подо́бається Окса́на?

あなたはオクサーナのことが好きなのですか。

《 日本語訳 》

オクサーナ：「つばさ」ってどんな意味なんですか。

つばさ　　：日本語で「羽根」のことです。

オクサーナ：なんてすてきな名前なの！

つばさ　　：ありがとう。私も自分の名前が気に入っています。それに私は飛ぶのが好きですし。

オクサーナ：そういえば、日本へは飛行機で飛ぶのですね。

つばさ　　：そうです。でも帰りたくないです。

オクサーナ：帰ったら何をするのですか。

つばさ　　：通訳になるつもりです。

オクサーナ：また来てください。

つばさ　　：もし私が鳥だったら、あなたの元へ飛んでいくのになあ。

オクサーナ：でもあなたは鳥ではないでしょ。飛行機の切符を買ってくださいね。

練習問題 10

読んでみましょう。 🔊 65

❶ Тара́с : Юкі, я́ ви́рішив навча́тися в Япо́нії.

Юкі : Що́ ви́ бу́дете вивча́ти?

Тара́с : Япо́нську мо́ву, звича́йно.

Юкі : Це́ ду́же до́бре. Коли́ ви́ бу́дете та́м?

Тара́с : Післяза́втра.

Юкі : Бажа́ю ва́м у́спіхів.

Тара́с : Дя́кую. Я́ напишу́ ва́м ли́ст.

Юкі : Це́ моя́ адре́са електро́нної по́шти.

[単語] адре́са 住所 　 Бажа́ю ва́м у́спіхів. 成功をお祈りします。
електро́нна по́шта 電子メール

ロシア語とは
ここが違う

ロシア語の решать/решить にはいろいろな意味がありますが、ウクライナ語では「（クイズなどを）解く」は розв'я́зувати/розв'яза́ти、「決める」は вирі́шувати/ви́рішити のように使い分けます。

---

❷ До́брий де́нь, Юкі! 🔊 66

Тепе́р я́ в То́кіо. Ту́т усе́ ду́же га́рне. Я́ щодня́ вивча́ю япо́нську мо́ву, але́ ще́ пога́но говорю́. Було́ б до́бре, якби́ я́ бі́льше вивча́в її́ в Украї́ні.

До ре́чі, вчо́ра я́ познайо́мився з молоди́м япо́нцем. Його́ зва́ти Цубаса. Ві́н гово́рить украї́нською мо́вою ду́же до́бре. Ві́н сказа́в, що ві́н жи́в у на́шому мі́сті. Ви́ зна́єте його́?

Тара́с

[単語] То́кіо 東京 　 познайо́митися 知り合う 　 пога́но 下手に 　 щодня́ 毎日

112

❸ Taráce!

Ні, я не зна́ю, але́ я чу́ла, що цей юна́к жи́в у Марі́ї. А Марі́ю я до́бре зна́ю, тому́ що її́ чолові́к Іґор і мій дру́гий чолові́к — близнюки́. Ще її́ сестра́ Га́нна живе́ в То́кіо та працю́є вчи́телькою.

Юкі

[単語] юна́к 若者

❹ Юкі!

Всё зрозумі́ло. Вчо́ра Га́нна, Цубаса і я ра́зом вече́ряли в украї́нському рестора́ні. Ми́ бага́то розмовля́ли й украї́нською, і япо́нською мо́вою. Було́ ду́же ціка́во. Якби́ ми́ познайо́милися ще́ рані́ше!

Тара́с

[単語] ще рані́ше もっと前に　　і... і... …も、…も

遠くに出かけるときの7つ

автóбус バス　　трамва́й 路面電車　　таксі́ タクシー

метро́ 地下鉄　　по́їзд 列車　　паропла́в 船　　літа́к 飛行機

《 **解答** 》 →日本語訳は 117 ページ

練習問題解答

練習問題 1

2. ❶ これはタラスです。彼はウクライナ人です。これは彼のお父さんです。彼も
ウクライナ人です。一方これは彼のお母さんです。彼女は日本人です。これは彼
の友だちのつばさです。彼も日本人です。

❷ ゆき「こんにちは」タラス「こんにちは」ゆ「私はゆきです。あなたはイーホ
ルですか」タ「いいえ、私はイーホルではありません」ゆ「すみません、どなた
ですか」タ「私はタラスです。彼の弟です」ゆ「はじめまして」タ「はじめまして」

練習問題 2

2. ❶ タラス「これは私の写真です」ゆき「とても古いですね。これはあなたの家
族ですか」タ「そうです。これは私の家族です」ゆ「分かりました。これはあな
たのお父さんですか」タ「はい。彼は教師です」ゆ「ではこれはあなたのお母さ
んですか」タ「はい。彼女も教師です」ゆ「ではこれは」タ「これは私です！」

❷ ゆき「タラスさん、あなたの車はどこですか」タラス「ほらここです」ゆ「こ
れがあなたの車ですか」タ「はい、私のです」ゆ「とても美しいですね」タ「あ
りがとうございます」ゆ「でも小さいです」タ「すみません」ゆ「そして古い」
タ「ごめんなさい。ぼくは金持ちではないんです」

練習問題 3

2. ❶ ゆき「タラスさん、あなたは英語を話しますか」タラス「いいえ、英語は話
しません」ゆ「では日本語は？」タ「やっぱり話しません。でもハンガリー語を
話します」ゆ「なんですって。ハンガリー語が分かるのですか」タ「はい」ゆ「ど
うしてですか」タ「私にも分かりません」

❷ ゆき「タラスさん、あなたはタバコを吸いますか」タラス「いいえ、吸いま
せん」ゆ「それはよかった。映画は見ますか」タ「いいえ、見ません」ゆ「では
テレビは？」タ「やっぱり見ません」ゆ「では本は読みますか」タ「読みません」

ゆ「では雑誌や新聞は？」タ「いいえ」ゆ「タラスさん、あなたって面白くない人ですね」

練習問題 4

2. ❶ ゆき「タラスさん、あなたは勉強している（＝学校に通っている）のですか」タラス「いいえ、私は大学生ではありません」ゆ「それでは働いているのですか」タ「はい，働いています」ゆ「どこで働いているのですか」タ「レストランで働いています」ゆ「あなたの仕事は面白いですか」タ「いいえ、全然面白くありません」

❷ タラス「ゆきさん、あなたは車を持っていますか」ゆき「はい、持っています。私は大きい車を持っています」タ「ではコンピュータを持っていますか」ゆ「はい、新しいコンピュータを持っています」タ「ではお持ちの電話も新しいのですか」ゆ「はい、新しくて小さい電話を持っています」タ「では、ご両親はご健在ですか」ゆ「ええ。お金持ちの父と美しい母がおります」タ「あなたって何でも持っているのですね……」

練習問題 5

2. ❶ ゆき「タラスさん、何をしているのですか」タラス「本を読んでいるのです」ゆ「どんな本を読んでいるのですか」タ「鳥についての本です」ゆ「何という題名ですか」タ「『カモメ』です」ゆ「タラスさん、その本は鳥についてではありません」

❷ ゆき「タラスさん、どちらへ？ こちらにいらしてください」タラス「こんにちは、ゆきさん」ゆ「教えてほしいんですが、郵便局がどこかご存知ありませんか」タ「はい、知っています。どうしてですか」ゆ「切手を買いたいのです」タ「私が持っていますよ」ゆ「まあ、ありがとう。この手紙を日本へ送りたいのです。では切手をください」タ「……ぼくの切手、ぼくの切手、おかしいな、ぼくの切手はどこだろう」ゆ「……分かりました、もう一度伺いますが、郵便局はどこですか」

練習問題 6

2. ❶ タラス「日本では何をしていたのですか」ゆき「働いていました」タ「どこで働いていたのですか」ゆ「工場です」タ「今では？」ゆ「ウクライナでは働いていません」タ「どうして働かないのですか」ゆ「私の2番目の夫が金持ちだか

らです」タ「2番目の夫ですって!?」ゆ「はい、では知りませんでしたか」

❷ タラス「昨日はどこにいたのですか」ゆき「家にいました」タ「何をしていたのですか」ゆ「一日中テレビを見ていました」タ「テレビを見るのは好きですか」ゆ「それほどでもありません」タ「ではどうして見ていたのですか」ゆ「だって手紙は書きたくなかったし、雑誌は読みたくなかったし、音楽さえ聴きたくなかったのです」

練習問題 7

2. ❶ ゆき「カサがないんです」タラス「どうしてですか?」ゆ「自分でも分かりません」タ「昨日はどこにいましたか」ゆ「昨日? 覚えてないわ、昨日どこにいたかなんて」タ「忘れたんですか。昨日は小包を送りたかったのでしょ」ゆ「そう、私は郵便局に行ったんだわ!」タ「おそらく、あなたのカサはそこでしょう」

❷ ゆき「タラスさん,時間はありますか?」タラス「いつですか?」ゆ「明日の晩です」タ「ええ、おそらく。でもどうしてですか」ゆ「明日の映画の切符があるんです」タ「どういう映画なんですか」ゆ「新作の日本映画」タ「ありがとう、ほしいです。ではあなたは?」ゆ「私は明日の晩にお客が来るので」タ「分かりました。つまり、あなたは行かないんですね」

練習問題 8

2. ❶ ゆき「明日はクリスマスですね。夫にプレゼントを買わなければ」タラス「たとえば去年は何を贈ったのですか」ゆ「去年は彼にペンを贈りました」タ「彼はあなたに何を贈ったのですか」ゆ「車です」タ「なんですって!? 彼はあなたに新車を買ったのですか」ゆ「ええ、私の2台目の車なんだけど」タ「あなたの2番目のご主人って本当にお金持ちなんですね」

❷ タラス「何にしますか、お茶ですか、それともコーヒー?」 ゆき「コーヒーをお願いします」タ「砂糖は入れますか」ゆ「いいえ、砂糖は入れません」タ「ミルクは入れますか」ゆ「ミルクは入れません。それからレモンも入れません」タ「つまり、ブラックコーヒーですね」ゆ「ええ。ではあなたは?」タ「ぼくはコーヒーが嫌いなんです」

練習問題 9

2. ❶ タラス「何をしているのですか、ゆきさん?」ゆき「クロスワードパズルを解いているの」タ「それでどうです? 難しいですか」ゆ「とても。昨日は一日

中解いていたんです」タ「一日中ですって!?　それで解けないんですね」ゆ「もうこれ以上やりたくないわ」

❷　タラス「ゆきさん、夕食はお済みですか」ゆき「いいえまだです」タ「それではいっしょにレストランへ行きましょう」ゆ「いいわ。でどういうレストランで夕食にするのですか」タ「日本料理店です」ゆ「日本？　ではけっこうです」タ「どうしてですか。お嫌いですか」ゆ「いいえ、そうじゃないの。ただ昨日、日本料理店で夕食だったものだから」タ「でもそんなこと構わないでしょう」ゆ「昨日だけではなくて、一昨日もです」タ「分かりました。それは多過ぎますよね」

練習問題 10

❶　タラス「ゆきさん、私は日本で勉強することに決めました」ゆき「何を勉強するのですか」タ「日本語ですよ、もちろん」ゆ「それはとてもいいことだわ。いつ行くの？」タ「明後日です」ゆ「ご成功をお祈りしています」タ「ありがとうございます。あなたに手紙を書きます」ゆ「これが私の e メールアドレスよ」

❷　こんにちは、ゆきさん！

いま東京にいます。ここはすべてがとてもきれいです。毎日、日本語を勉強していますが、話すのはまだ下手です。ウクライナでもっと勉強しておけばよかったのになあ。

ところで、昨日若い日本人と知り合いになりました。名前はつばさといいます。彼はウクライナ語を話すのがとてもうまいんです。彼がいうには、私たちの町に住んでいたというのですが、彼のことを知っていますか。タラス

❸　タラスさん！

いいえ、知りません。でもその若い人がマリーヤのところに住んでいたというのは聞いたことがあります。マリーヤのことはよく知っています。というのも彼女の夫のイーホルと私の2番目の夫が双子だからです。さらに彼女のお姉さんのハンナは東京に住んでいて教師として働いています。ゆき

❹　ゆきさん！

すべて分かりました。昨日、ハンナさんとつばさ君と私はいっしょにウクライナ料理店で夕食をとりました。私たちはウクライナ語でも日本語でもたくさん話しました。とても楽しかったです。もしもっと前に知り合っていたらなあ。タラス

| 「私の家族」 　🔊69

Мене́ зва́ти Наото, моє́ прі́звище Сето.

Я́ вчи́тель англі́йської мо́ви, працю́ю в шко́лі.

У ме́не є дружи́на. Її́ зва́ти Рурі́ко. Ми́ ра́зом навча́лися в університе́ті, а по́тім одружи́лися. Тепе́р вона́ працю́є в магази́ні. Вона́ ду́же га́рна, але́ суво́ра. Вона́ не лю́бить, коли́ я́ п'ю́ пи́во.

У на́с оди́н си́н./ Ми́ ма́ємо одного́ си́на. Його́ зва́ти Такето. Ві́н хо́дить до дитя́чого садка́. Ві́н ду́же лю́бить співа́ти та танцюва́ти. Ще́ лю́бить диви́тися телеві́зор і слу́хати му́зику. Я́ не мо́жу чита́ти вдо́ма.

Ле́в Толсто́й сказа́в: «Всі́ щасли́ві сі́м'ї схо́жі одна́ на о́дну». Але́ я́ ду́маю, що це́ не за́вжди та́к. Я́ ду́же люблю́ суво́ру дружи́ну та гамірли́вого си́на.

🔊70

《慣用表現》	Мене́ (Його́) зва́ти...	私(彼)の名前は〜です。	Меня (Его) зовут...
	дитя́чий садо́к	幼稚園	детский сад
	одна́ о́дну	お互いに	друг друга

	прі́звище	名字	фамилия
	одружи́тися	結婚する	жениться
	суво́рий	厳しい	строгий

私の名前は尚人で、名字は瀬戸です。

英語の教師で、学校で働いています。

私には妻がいます。彼女の名前はるり子です。私たちは大学で一緒に学び、それから結婚しました。今では彼女はお店で働いています。彼女はとても美人ですが、厳しいです。私がビールを飲むのを嫌がります。

私たちには息子がひとりいます。名前は建人といいます。彼は幼稚園に通っています。歌ったり踊ったりするのが大好きです。さらにテレビを観たり、音楽を聴いたりするのが好きです。私は家では読書ができません。

レフ・トルストイは「あらゆる幸せな家庭は互いによく似ている」といいました。でも私は、いつでもそうとは限らないと思っています。私は厳しい妻と騒がしい息子をとても愛しています。

пи́во	ビール	пиво
ходи́ти	通う	ходить
могти́	できる	мочь
всі́	すべての	все
щасли́вий	幸せな	счастливый
гамірли́вий	騒がしい	шумный

＊ Лéв Толсто́й （レフ・トルストイ）はロシアの作家。引用部分は長編『アンナ・カレーニナ』の冒頭より。

а	それでは、ところで	1
á	ああ	2
автóбус	バス	14
адрéса	住所	練10
алé	しかし	4
англíйською мóвою		
	英語で	6
анкéта	アンケート	8
багáтий	金持ちの	練2
багáто	たくさん	11
Бажáю вáм успíхів.		
	成功をお祈りします。	練10
батькѝ	両親	7
бáтько	お父さん	1
бáчити	見かける、会う	17
без	（＋生格）～なしで	16
безлáддя	無秩序	19
бíльше	もっと、これ以上	練9
близнюкѝ	双子	18
болíти	痛い	13
брáт	兄・弟	練1
Будь лáска.	どうぞ。	8
в	（＋前置格）～で、～に	7
в	（＋生格）～のもとに	8

важлѝво	大切だ	17
валíза	スーツケース	3
вáш, вáша, вáше		
	あなたの	3
ввéчері	晩に	13
вдóма	家に	12
велѝкий	大きい	4
вечéряти	夕食をとる	17
вжé	すでに	11
вѝ	あなた	2
Вѝбачте.	すみません。	2
вивчáти	勉強する	11
вѝкинути	捨てる	19
відповíсти	答える	18
відпочивáти	休む	5
відпрáвити	送る	10
війнá	戦争	9
вікнó	窓	4
вíн	彼	1
вíсім	8	8
вісімнáдцять	18	18
вонá	彼女	1
вонѝ	彼ら	17
вонó	それ	9

крава́тка	ネクタイ	15
кра́ще	よりよい	14
крило́	羽、翼	20
кросво́рд	クロスワードパズル	練9
куди́	どこへ	10
купи́ти	買う	10
купува́ти	買う	練9
лимо́н	レモン	16
ли́ст	手紙	9
ліво́руч	左へ	10
лі́кар	医者	13
літа́к	飛行機	20
літа́ти	飛ぶ	20
літерату́ра	文学	11
люби́ти	好む、好きだ	12
люди́на	人	練3
мале́нький	小さい	4
ма́рка	切手	10
ма́ти	お母さん	1
ма́ти	持つ	8
маши́на	車	3
Мене́ зва́ти...	私の名前は〜です。	読み物
ми́	私たち	13
мину́лого ро́ку	去年	15
мир	平和	9

мій, моя́, моє́	私の	3
мі́сто	町	14
мо́ва	言語	11
могти́	できる	読み物
мо́жна	〜できる	15
молоди́й	若い	4
молоко́	ミルク	16
му́зика	音楽	9
на	（＋前置格）〜で、〜に	7
на	（＋対格）〜へ 10 、〜のための 練7
на́віть	〜さえ	練6
навча́тися	在学する	7
назива́тися	〜という名前だ	9
напе́вно	おそらく	練7
напри́клад	たとえば	15
на́ш	私たちの	17
не	〜ではない	2
не мо́же бу́ти	あり得ない	16
не мо́жна	〜してはいけない	19
не ті́льки..., але́ і 〜	…だけでなく、〜も	練9
нема́є	ない	14
Ні.	いいえ	2

ніж	～よりも 14	план	地図 14
ніко́ли	決して 15	поверну́тися	帰る 20
Нічо́го.	構いません。 4	поверта́тися	帰る 20
нови́й	新しい 4	повече́ряти	夕食をとる 練9
нога́	足 13	пога́но	下手に 練10
но́мер	番号 8	пого́да	天気 12
носи́ти	身に付ける 15	подарува́ти	贈る 15
Ну як?	どう？ 17	подару́нок	プレゼント 15
оди́н	1 1	подо́батися	気に入る 20
одина́дцять	11 11	по́друга	友だち（女） 2
одна́ о́дну	お互いに 読み物	позавчо́ра	一昨日 18
одружи́тися		познайо́митися	
	結婚する 読み物		知り合う 練10
о́сь	ほら、これが 4	полеті́ти	飛び立つ 20
пали́ти	タバコを吸う 練3	поси́лка	小包 10
пальто́	コート 3	по́тім	それから 12
пам'я́тати	覚えている 7	поча́ти	始める 12
парасо́лька	カサ 14	почина́ти	始める 8
переклада́ч	通訳 20	по́шта	郵便局 10
пи́во	ビール 読み物	право́руч	右へ 10
пиріжки́	ピロシキ（複） 16	працюва́ти	働く 7
писа́ти	書く 9	пра́ця	仕事 2
пита́ння	質問 8	прибира́ти	掃除する 19
пита́ти	尋ねる 7	Приїжджа́йте.	
пи́ти	飲む 13		来てください。（乗物で） 20
післяза́втра	明後日 15	прилеті́ти	飛んで来る 20
пі́шки	歩いて 14	Прихо́дьте.	来てください。 13

прі́звище	名字	読み物
про	（＋対格）〜について	7
про що́	何について	17
пта́х	鳥	練5
п'ятна́дцять	15	15
п'я́ть	5	5
ра́зом	いっしょに	17
рестора́н	レストラン	練4
ри́с	米	16
Різдво́	クリスマス	練8
рі́зний	いろいろな	19
роби́ти	する	5
розв'яза́ти	解く	練9
розв'я́зувати	解く	練9
розмовля́ти	会話する	17
розумі́ти	理解する	6
рома́н	長編小説	9
рука́	手	16
ру́чка	ペン	16
са́м	自身（男性の場合）	5
сама́	自身（女性の場合）	5
сестра́	姉・妹	1
сі́м	7	7
сім'я́	家族	練2
сімна́дцять	17	17
Скажі́ть.	教えてください。	7
сказа́ти	いう	18

словни́к	辞書	14
слу́хати	聴く	9
спита́ти	尋ねる	18
співа́ти	歌う	13
споча́тку	はじめに	12
стари́й	古い	4
стаття́	論文	9
стіл	机	19
сто́ гри́вень	100 フリブナ	10
студе́нт	大学生（男）	練4
студе́нтка	大学生（女）	7
суво́рий	厳しい	読み物
су́мка	カバン	3
схо́жий	〜に似ている	18
сюди́	ここへ	練5
сього́дні	今日	2
та	そして	練4
Та́к.	はい	1
та́к	そのように	17
та́м	あそこに	3
танцюва́ти	踊る	13
те́ж	〜もまた	1
телеві́зор	テレビ	4
телефо́н	電話	8
тепе́р	今では	練6
ті́льки	だけ、ばかり	7

тоді́	それでは 3	учи́тель → вчи́тель	
То́кіо	東京 練10	учи́телька → вчи́телька	
тому́ що	なぜならば 12	фі́льм	映画（作品）6
то́чно	正確に 7	фотогра́фія	写真 4
тре́ба		ходи́ти	通う 読み物
	〜しなければならない 16	Ході́мо.	行きましょう。3
три́	3 3	Ході́мо?	行きましょうか。3
трина́дцять	13 13	хоті́ти	〜したい 10
тро́хи	少し 6	хто́	誰 1
туди́	そこへ 10	це́	これ 1
ту́т	ここ 2	це́й, ця́, це́	この 3
тя́жко	難しい 6	ціка́вий	面白い 5
у → в		ціка́во	面白い 8
у відря́дженні	出張中で 17	ці́лий	全体の、全部の 12
уго́рський	ハンガリーの 練3	ці́лий де́нь	一日中 12
Украї́на	ウクライナ 11	цу́кор	砂糖 16
украї́нець		цього́ ро́ку	今年 15
	ウクライナ人（男）1説	ча́й	紅茶 16
украї́нка		ча́йка	カモメ 練5
	ウクライナ人（女）1	ча́с	時間 8
украї́нський		ча́сто	よく、しばしば 19
	ウクライナの 11	черво́но-зеле́ний	
украї́нською мо́вою			赤と緑の 15
	ウクライナ語で 6	чи	〜か（疑問文を作る）2
університе́т	大学 7	чи	または、それとも 9
уро́к	課、授業 1	чита́ти	読む 5
утоми́тися	疲れる 12	чолові́к	夫 練6、男性 18

а	**а**	вернуться	**поверну́тися**
автобус	**авто́бус**	вечером	**вве́чері**
адрес	**адре́са**	видеть	**ба́чити**
анкета	**анке́та**	вместе	**ра́зом**
без	**без**	возвращаться	
беспорядок	**безла́ддя**		**поверта́тися**
билет	**квито́к**	война	**війна́**
близнецы	**близнюки́**	вопрос	**пита́ння**
богатый	**бага́тий**	восемнадцать	
болеть	**болі́ти**		**вісімна́дцять**
больше	**бі́льше**	восемь	**ві́сім**
большой	**вели́кий**	вот	**о́сь**
брат	**бра́т**	впервые	**впе́рше**
в	**в/у**	врач	**лі́кар**
в	**до**	время	**ча́с**
в командировке		всё	**всé**
	у відря́дженні	все	**всí**
в прошлом году		всегда	**за́вжди**
	мину́лого ро́ку	второй	**дру́гий**
в этом году	**цього́ ро́ку**	вчера	**вчо́ра**
важно	**важли́во**	вы	**ви**
ваш, ваша, ваше		выбросить	**ви́кинути**
	ва́ш, ва́ша, ва́ше	газета	**газе́та**
венгерский	**уго́рський**	галстук	**крава́тка**

где	**де́**	друг	**дру́г**
говорить	**говори́ти**	друг друга	**одна́ о́дну**
голова	**голова́**	думать	**ду́мати**
город	**мі́сто**	его	**його́**
гость	**гі́сть**	Его зовут...	**Його́ зва́ти...**
Да.	**Та́к.**	её	**її́**
даже	**на́віть**	Её зовут...	**Її́ зва́ти...**
далеко	**дале́ко**	ему	**йому́**
дать	**да́ти**	если	**якщо́**
два	**два́**	если бы	**якби́**
двадцать	**два́дцять**	есть	**є́**
двенадцать	**двана́дцять**	есть	**ї́сти**
девятнадцать		ещё	**ще́**
	дев'ятна́дцять	ещё раз	**ще́ ра́з**
девять	**де́в'ять**	ещё раньше	**ще рані́ше**
действительно	**ді́сно**	Желаю вам успехов.	
делать	**роби́ти**		**Бажа́ю ва́м у́спіхів.**
день	**де́нь**	жениться	**одружи́тися**
день рождения		жена	**дружи́на**
	де́нь наро́дження	женщина	**жі́нка**
десять	**де́сять**	живот	**живі́т**
детский сад		жить	**жи́ти**
	дитя́чий садо́к	журнал	**журна́л**
дождь	**до́щ**	забывать	**забува́ти**
Дом книги	**Дім кни́ги**	забыть	**забу́ти**
дом	**дім**	завод	**заво́д**
дома	**вдо́ма**	завтра	**за́втра**

здесь	**ту́т**	капуста	**капу́ста**
Здравствуйте.		Киев	**Ки́їв**
	До́брий де́нь.	кино	**кіно́**
знать	**зна́ти**	книга	**кни́жка**
значит	**зна́чить**	книжный магазин	
значить	**зна́чити**		**книга́рня**
зонтик	**парасо́лька**	когда	**коли́**
и	**і/й, та**	комната	**кімна́та**
и... и...	**і... і...**	компьютер	**комп'ю́тер**
Идите.	**Іді́ть.**	Конечно.	**Звича́йно.**
идти	**іти́**	кончить	**кі́нчити**
Извините.	**Ви́бачте.**	кофе	**ка́ва**
изучать	**вивча́ти**	кошелёк	**гамане́ць**
или	**чи**	красивый	**га́рний**
(иметь)	**ма́ти**	красно-зелёный	
имя	**і́м'я**		**черво́но-зеле́ний**
иностранный	**інозе́мний**	кроссворд	**кросво́рд**
интересно	**ціка́во**	крыло	**крило́**
интересный	**ціка́вий**	кстати	**до ре́чі**
исторический		кто	**хто́**
	істори́чний	куда	**куди́**
каждый день	**щодня́**	купить	**купи́ти**
как	**я́к**	курить	**пали́ти**
Как попасть?		летать	**літа́ти**
	Я́к потра́пити?	лимон	**лимо́н**
Как хотите.	**Я́к хо́чете.**	литература	**літерату́ра**
какой	**яки́й**	лучше	**кра́ще**

любить	**люби́ти**	например	**напри́клад**
маленький	**мале́нький**	находиться	**знахо́дитися**
марка	**ма́рка**	начать	**поча́ти**
мать	**ма́ти**	начинать	**почина́ти**
машина	**маши́на**	наш	**на́ш**
Меня зовут...		не	**не**
	Мене́ зва́ти...	не может быть	
мир	**ми́р**		**не мо́же бу́ти**
много	**бага́то**	не только..., но и ~	
можно	**мо́жна**		**не ті́льки..., але́ і ~**
мой, моя, моё		нельзя	**не мо́жна**
	мі́й, моя́, моє́	немного	**тро́хи**
молодой	**молоди́й**	Нет.	**Ні́.**
молодой человек	**юна́к**	нет	**нема́є**
молоко	**молоко́**	никогда	**ніко́ли**
мочь	**могти́**	Ничего.	**Нічо́го.**
муж	**чолові́к**	но	**але́**
мужчина	**чолові́к**	новый	**нови́й**
музыка	**му́зика**	нога	**нога́**
мы	**ми́**	но́мер	**но́мер**
на	**на**	носить	**носи́ти**
на каком языке		нравиться	**подо́батися**
	яко́ю мо́вою	Ну как?	**Ну я́к?**
наверно	**напе́вно**	нужно	**тре́ба**
называться	**назива́тися**	о	**про**
налево	**ліво́руч**	о чём	**про що́**
направо	**право́руч**	обычно	**звича́йно**

один	**оди́н**
одиннадцать	**одина́дцять**
окно	**вікно́**
он	**він**
она	**вона́**
они	**вони́**
оно	**воно́**
ответить	**відпові́сти**
отдыхать	**відпочива́ти**
отец	**ба́тько**
откуда	**зві́дки**
отправить	**відпра́вити**
очень	**ду́же**
Очень приятно.	**Ду́же приє́мно.**
пальто	**пальто́**
переводчик	**переклада́ч**
петь	**співа́ти**
пешком	**пі́шки**
пиво	**пи́во**
пирожки	**пиріжки́**
писать	**писа́ти**
письмо	**ли́ст**
пить	**пи́ти**
план	**пла́н**
плохо	**пога́но**
по-английски	**англі́йською мо́вою**
погода	**пого́да**
подарить	**подарува́ти**
подарок	**подару́нок**
подруга	**по́друга**
Пожалуйста.	**Будь ла́ска.**
позавчера	**позавчо́ра**
позвонить	**зателефонува́ти**
познакомиться	**познайо́митися**
Пойдёмте.	**Ході́мо.**
покупать	**купува́ти**
полететь	**полеті́ти**
помнить	**пам'ята́ти**
помочь	**допомогти́**
понимать	**розумі́ти**
понятно	**зрозумі́ло**
послезавтра	**післяза́втра**
посылка	**поси́лка**
потом	**по́тім**
потому что	**тому́ що**
поужинать	**повече́ряти**
по-украински	**украї́нською мо́вою**
похож	**схо́жий**

почему	**чому́**	с	**з**
почему-то	**чому́сь**	сам	**са́м**
почта	**по́шта**	сама	**сама́**
по-японски		самолёт	**літа́к**
	япо́нською мо́вою	сахар	**цу́кор**
прекрасно	**чудо́во**	сегодня	**сього́дні**
Приезжайте.		сейчас	**за́раз**
	Приїжджа́йте.	семнадцать	**сімна́дцять**
прилететь	**прилеті́ти**	семь	**сі́м**
Приходите.	**Прихо́дьте.**	семья	**сім'я́**
птица	**пта́х**	сестра	**сестра́**
пятнадцать	**п'ятна́дцять**	Скажите.	**Скажі́ть.**
пять	**п'я́ть**	сказать	**сказа́ти**
работа	**пра́ця**	слишком	**зана́дто**
работать	**працюва́ти**	словарь	**словни́к**
разговаривать		слушать	**слу́хати**
	розмовля́ти	слышать	**чу́ти**
разный	**рі́зний**	смотреть	**диви́тися**
ресторан	**рестора́н**	сначала	**споча́тку**
решать	**розв'я́зувати**	совсем не…	**зо́всім не…**
решить	**розв'яза́ти**	Спасибо.	**Дя́кую.**
рис	**ри́с**	спрашивать	**пита́ти**
родители	**батьки́**	спросить	**спита́ти**
Рождество	**Різдво́**	старый	**стари́й**
роман	**рома́н**	статья	**стаття́**
рука	**рука́**	сто гривен	**сто́ гри́вень**
ручка	**ру́чка**	стол	**стіл**

странно	**ди́вно**	ужинать	**вече́ряти**
странный	**ди́вний**	узнать	**дізна́тися**
строгий	**суво́рий**	Украина	**Украї́на**
студент	**студе́нт**	украинец	**украї́нець**
студентка	**студе́нтка**	украинка	**украї́нка**
сумка	**су́мка**	украинский	**украї́нський**
счастливый	**щасли́вий**	улица	**ву́лиця**
сюда	**сюди́**	университет	**університе́т**
так	**та́к**	урок	**уро́к**
там	**та́м**	устать	**утоми́тися**
танцевать	**танцюва́ти**	утром	**вра́нці**
телевизор	**телеві́зор**	учитель	**вчи́тель**
телефон	**телефо́н**	учительница	**вчи́телька**
теперь	**тепе́р**	учиться	**навча́тися**
тогда	**тоді́**	фамилия	**прі́звище**
тоже	**те́ж**	фильм	**фі́льм**
Токио	**То́кіо**	фотография	**фотогра́фія**
только	**ті́льки**	ходить	**ходи́ти**
только	**що́йно**	хороший	**га́рний**
точно	**то́чно**	Хорошо.	**До́бре.**
три	**три́**	хотеть	**хоті́ти**
тринадцать	**трина́дцять**	целый	**ці́лий**
трудно	**тя́жко**	чай	**ча́й**
туда	**туди́**	чайка	**ча́йка**
у	**в/у**	часто	**ча́сто**
убирать	**прибира́ти**	человек	**люди́на**
уже	**вже́**	чем	**ні́ж**

чемодан	**валі́за**	шумный	**гамірли́вий**
чёрный	**чо́рний**	экзамен	**і́спит**
четыре	**чоти́ри**	электронная почта	
четырнадцать			**електро́нна по́шта**
	чотирна́дцять	это	**це́**
читать	**чита́ти**	этот, эта, это	**це́й, ця́, це́**
Что делать?	**Щó роби́ти?**	я	**я́**
Что с вами?	**Щó з ва́ми?**	яблоко	**я́блуко**
что	**щó**	язык	**мо́ва**
что	**що**	японец	**япо́нець**
шестнадцать		Япония	**Япо́нія**
	шістна́дцять	японка	**япо́нка**
шесть	**ші́сть**	японский	**япо́нський**

著者紹介
黒田 龍之助（くろだ　りゅうのすけ）
　1964 年、東京生まれ。上智大学外国語学部ロシア語学科卒業。東京大学大学院修了。スラヴ語学専攻。現在、神田外語大学特任教授、神戸市外国語大学客員教授。

主要著書
『ロシア語のかたち』『ロシア語のしくみ』『ニューエクスプレスプラス ロシア語』『つばさ君のウクライナ語』『寝るまえ 5 分の外国語』『外国語の水曜日再入門』『ロシア語の余白の余白』『羊皮紙に眠る文字たち再入門』『チェコ語の隙間の隙間』『寄り道ふらふら外国語』『ことばはフラフラ変わる』『もっとにぎやかな外国語の世界［白水 U ブックス］』（以上、白水社）、『ロシア語だけの青春　ミールに通った日々』（現代書館）、『初級ロシア語文法』『初級ウクライナ語文法』『ぼくたちの英語』『ぼくたちの外国語学部』（以上、三修社）、『ウクライナ語基礎 1500 語』『ベラルーシ語基礎 1500 語』（以上、大学書林）、『はじめての言語学』（講談社現代新書）、『大学生からの文章表現』（ちくま新書）、『外国語をはじめる前に』（ちくまプリマー新書）、『ポケットに外国語を』『その他の外国語エトセトラ』『世界のことばアイウエオ』（ちくま文庫）、『語学はやり直せる！』（角川 one テーマ 21）、『外国語を学ぶための言語学の考え方』（中公新書）、『物語を忘れた外国語』（新潮文庫）

つばさ君のウクライナ語

2020 年 5 月 30 日　第 1 刷発行
2022 年 5 月 10 日　第 3 刷発行

著　者 © 黒　田　龍　之　助
発行者　　及　川　直　志
印刷所　　株式会社ルナテック

発行所
101-0052 東京都千代田区神田小川町 3 の 24
電話 03-3291-7811(営業部)，7821(編集部)　株式会社　白水社
www.hakusuisha.co.jp
乱丁・落丁本は送料小社負担にてお取り替えいたします。

振替 00190-5-33228　　Printed in Japan　　加瀬製本

ISBN978-4-560-08872-2